1 DAS KOOPERATIONSSPIEL – GESTALTUNG UND FUNKTION

Das Kooperationsspiel (auch »Tool« oder »Werkzeug«) ist eine kreative Technik, die als konkretes Instrument definiert wird, das innerhalb einer Methode verwendet werden kann. Diese Methode wiederum steht im Kontext einer übergeordneten Theorie und Praxis, wie Coaching, Supervision, Teamentwicklung, Familien- und Paartherapie, Selbsterfahrung oder Weiterbildung. Techniken sind kein Ersatz für fundierte Kenntnisse und Ausbildungen innerhalb des jeweiligen Fachgebietes, und nur durch die Anwendung eines Werkzeugs beziehungsweise Instruments wird ein zufriedenstellendes Ergebnis nicht garantiert. Der Einsatz eines Tools erfolgt immer nach einer Problemanalyse und den sich daraus ergebenden Hypothesen, nach situativer Indikation und einer methodisch didaktischen Begründung mit spezifischer Zielsetzung. Erst durch die Hand eines Kundigen[1] kann dann mithilfe eines Werkzeugs auch etwas Kunstvolles entstehen.

Die theoretischen Grundlagen des Kooperationsspiels bilden folgende Bausteine: systemisches Denken und Handeln im Allgemeinen sowie Konstruktivismus und Gruppendynamik im Besonderen. Es kann bei Gruppen zum Einsatz kommen, die mindestens aus zwei Menschen bestehen, die miteinander interagieren und eine direkte Kommunikation (face to face) ermöglichen. Die Höchstteilnehmerzahl liegt bei 15 Personen – sind es mehr, werden die Prozesse bezüglich der Selbstorganisation schnell zu unübersichtlich.

1 Im Folgenden wird die männliche und weibliche Schreibweise alternierend verwendet. Im Sinne der gendersensiblen Sprache mögen sich jeweils alle mitgemeint fühlen.

Das Spiel enthält zwölf Bildkarten mit abstrakten Motiven, zwei (optionale) Arbeitsbögen für die Spielleitung, ebenso einen Selbsteinschätzungsbogen für die Teilnehmenden. Das Spiel sollte von einer Person angeleitet werden, die im Bereich Coaching, Supervision oder Training eine fundierte Weiterbildung absolviert hat. Sie hat im Vorfeld das Anliegen, den Auftrag und die Ziele mit dem Klientensystem/den Teilnehmenden erarbeitet und das Spiel nach einer Hypothese als passende Technik vorgeschlagen. In der Rolle der Spielleitung führt sie durch den gesamten Spiel- und Reflexionsprozess. Sie hat hierbei komplexe Aufgaben: Sie erklärt die Regeln, sorgt dafür, dass sie eingehalten werden, begleitet den Spielverlauf motivierend, gibt wohlwollendes und ressourcenorientiertes Feedback und moderiert die Reflexion (auch auf Grundlage des Selbsteinschätzungsbogens für die Teilnehmenden). Optional kann sie im Team mit weiteren Personen arbeiten, die eine Beobachterrolle übernehmen. Als Beobachterin hat man die Aufgabe, den Spielprozess aus der Metaebene zu betrachten, ihn mit Hilfe der zwei Arbeitsbögen zu dokumentieren und in der Reflexion ebenfalls ein Feedback zu geben. Die Aufgabe der Teilnehmenden, die von der Spielleitung begleitet werden, liegt darin, sich gemeinsam auf *eine* mögliche Bedeutung jeder einzelnen Bildkarte zu einigen. Im Anschluss werden die Entscheidungsprozesse von allen Beteiligten reflektiert.

Ziel des Spiels ist es, durch die Inszenierung eines kreativen Entscheidungsprozesses Hilfestellungen zu geben, um das kollektive Narrativ bezüglich Kooperation, Rollendynamik und Muster zu entwickeln und somit die Fähigkeiten der Teilnehmenden zur Kooperation und Entscheidungsfindung zu reflektieren und zu verbessern:

- Wie gelingt es innerhalb einer sozialen Gemeinschaft, Entscheidungen herbeizuführen?
- Wie können wir losgelöst, kreativ beziehungsweise lateral denken, um unkonventionelle oder innovative Entscheidungen zu finden?
- Welche Rollen, Funktionen und Parameter sind bei dieser Entscheidungsfindung wesentlich und von Belang?
- Welche gruppendynamischen Muster lassen sich erkennen?

Claus Roeske

Mit Fantasie zur Kooperation

Ein kreativ-systemisches Tool für Beratung, Coaching, Therapie und Supervision

V&R

INHALT

2 GRUPPEN UND GRUPPENDYNAMIK

Das Spiel ist für alle Gruppen geeignet, denen wir in den unterschiedlichen Bereichen systemischer Arbeit begegnen. Wenn ich im Folgenden von »Gruppe« spreche, verstehe ich hierunter ein soziales System, das aus einer bestimmten Anzahl von Individuen besteht und dem eine gemeinsame Idee von Identität[2] zugrunde liegt, die von allen geteilt wird. Die Mitglieder stehen miteinander in Beziehung und interagieren in einem bestimmten sozialen Kontext: Familien, Teams, Vereine und vieles mehr. Diese Interaktionen unterscheiden sich in ihren formellen Strukturen, ihren Organisationen und in dem Grad der persönlichen Bindung. Die Aufgaben einer Gruppe können sehr vielfältig sein und hängen oft von ihren jeweiligen kontextuellen Bedingungen ab:

- Unterstützung und soziale Bindung;
- Informationsaustausch und Lernen;
- Koordination und Zusammenarbeit;
- Herstellung eines Produktes und Bereitstellung einer Dienstleistung;
- Teilen gemeinsamer Interessen oder Aktivitäten;
- Identitätsbildung und Selbstwerterhöhung.

Der innere Zusammenhalt einer Gruppe kann dabei auf verschiedenen Ebenen reflektiert werden:

---

2 Dabei gibt es eine Unterscheidung zwischen »dazugehören« und »nicht dazugehören«, die mehr oder weniger deutlich kommuniziert wird und variabel ist.

Der *sozioökonomische Kontext* steht für die soziale oder institutionelle Umgebung einer Gruppe. Er beeinflusst die innere Dynamik der Gruppe durch seine Regeln, Gesetze, Vorschriften, Normen oder Ziele. Jede Gruppe steht vor der ständigen Anforderung, sich mit ihren inneren und kontextuellen Unterschiedlichkeiten zu beschäftigen. Besonderer Aufmerksamkeit bedarf die Möglichkeit der Einflussnahme einer Gruppe auf die Gestaltung und Veränderung des Kontextes.

Der *soziale Zusammenhalt* bezieht sich auf die emotionalen Verbindungen zwischen den Mitgliedern. Ein starker sozialer Zusammenhalt bedeutet, dass die Mitglieder sich nahe fühlen, Vertrauen haben, sich aufeinander verlassen können oder sich lieben (wie in sozialen Lebensgemeinschaften).

Der *strukturelle Zusammenhalt* bezieht sich auf die formalen und informellen Strukturen, die die Gruppe zusammenhalten. Hierzu gehören gemeinsame Ziele, Rollen, Normen, Hierarchien und Funktionen.

Beim *zweckgebundenen Zusammenhalt* stehen die gemeinsamen Aktivitäten, das Verfolgen eines Ziels, die erwähnte Herstellung eines Produktes oder die Bereitstellung einer Dienstleistung im Fokus, wie beispielsweise in Vereinen, Initiativen, Arbeitsgruppen oder Teams.

Alle sozialen Gemeinschaften/Gruppen stehen vor der Aufgabe, sich bestimmten Themen mit eigenen Möglichkeiten und Ressourcen zu stellen, wenn sie ihren Zielen und dem eigenen »Sinn« gerecht werden wollen. Mögliche Themenkomplexe, die uns in der Praxis oft begegnen und die die innere Dynamik der Gruppe beeinflussen, sind:

- Macht und Hierarchie;
- Ohnmacht, Anpassung oder Unterwerfung;
- Art und Weise der Konfliktbearbeitung;
- Normen und Konformität;
- Kommunikation und Informationsfluss;
- Gruppenpolarisierung;
- Gruppendenken;
- Nähe und Distanz;
- Liebe und Ablehnung;
- gemeinsame Ziele, Sinnhaftigkeit und Aufgaben;
- Produktivität und Ökonomie.

In der systemischen Beratungsarbeit werden die Interaktionen zwischen den Gruppenmitgliedern reflektiert im Bezug zur Art und Weise, wie sie zusammenarbeiten, um die Gesamtdynamik der Gruppe zu formen.

Jede Gruppe sieht sich mit der Frage konfrontiert: »Was für eine soziale Gruppe sind wir? Hierarchisch, selbstorganisiert, pragmatisch, kreativ, reflektiert, improvisierend, geordnet, strukturiert …?« Durch die Erlebnisorientierung des Kooperationsspiels, die Beobachtungsperspektive eines anwesenden Coaches beziehungsweise einer Trainerin, sein oder ihr Feedback, die Selbstreflexion der Teilnehmenden sowie die qualitative Auswertung und die Reflexion im Gespräch rückt die Gruppendynamik[3] entlang

3 Eingehender dazu König u. Schattenhofer, 2022.

expliziter und impliziter Strukturen, Regeln, Hierarchien, Aufgaben, Rollen und Funktionen in den bewussten Fokus. Folgende solcher Rollen und Funktionen werden in der Gruppe benötigt (Näheres dazu ist auch unter dem Kapitel »Davor, während, danach: Arbeitsbögen und Reflexionen« aufgeführt):

- Leitung,
- Moderation,
- Kritik,
- Opposition,
- Expertenwissen,
- Empathie,
- Pflege der Gemeinschaft.

In der Reflexion des Kooperationsspiels ist von Bedeutung, ob

- diese Funktionen vorhanden sind;
- gelebt werden;
- sich entsprechenden Personen zuordnen lassen;
- diese bei Ausübung ihrer Funktion respektiert werden;
- Rollen und Aufgabenverteilungen transparent sind;
- eine transparente und im günstigsten Falle gemeinsame Teamidentität vorhanden ist;
- die Regeln offen und bekannt sind.

Die »unbewussten« individuellen Inhalte von Projektionen einzelner Teammitglieder werden hingegen nicht reflektiert oder gedeutet, da es bei dem Spiel nicht um die Diagnostik von Persönlichkeitsmerkmalen geht. Das gemeinsame Durchlaufen des Spiels soll vielmehr dazu anregen, das bereits aufgeführte gemeinsame Narrativ in Bezug auf die eigene Gemeinschaftszugehörigkeit im Gruppenkontext zu entwickeln. Noch einmal zusammengefasst wird somit der Einsatz des Kooperationsspiels besonders wichtig bei folgenden Anlässen:

- der narrativen Entwicklung einer Gruppenidentität;
- dem Verstehen der Kommunikationsstrukturen und Rollenverteilung;
- der Reflexion der Gewohnheiten und Regeln;
- dem Verstehen von Parametern wie Dominanz, Rücksichtnahme, Konfliktbereitschaft, Führung und Moderation;
- der allgemeinen Beschreibung von Atmosphäre, Stimmung und Emotionen.

Das Interesse der Systemiker liegt, ganz gleich, ob es sich um ein Paar, eine Familie, ein Team, eine Weiterbildungs- oder Selbsterfahrungsgruppe handelt, auf der gemeinsamen interaktionellen Dynamik zwischen den Personen. Eine wichtige Grundlage für kreative Entscheidungsfindung, die mit dem Kooperationsspiel angeregt werden soll, ist dabei vor allem eine positive Gruppendynamik. Diese beschreibt, wie sich Mitglieder einer Gruppe gegenseitig positiv beeinflussen, wie sie fruchtbar miteinander kommunizieren, wie sie Konflikte lösen und wie sie gemeinsam Ziele erreichen, ohne die Prozesse hin zum Ziel zu werten.

Der Begriff »Gruppendynamik« ist dem Psychologen Kurt Lewin[4] zufolge eine eigendynamische soziale Realität, die mehr und etwas anderes ist, als die Summe ihrer Teile, ihrer Individuen. Individuelle Verhaltensmuster verändern sich, abhängig davon, in welcher Gruppe man gerade Mitglied ist. Die systemische Gruppendynamik steht ebenfalls in der Tradition Lewins, betont aber den bereits erwähnten Fokus, der nicht auf der individuellen Psyche der Teilnehmenden eines gruppendynamischen Trainings liegt, sondern auf den hier und jetzt ablaufenden Interaktionen zwischen den jeweiligen Teilnehmenden (Simon, 2019). Systemikerinnen verdeutlichen damit auch die Eigendynamiken einer Gruppe, die von außen nur bedingt steuerbar sind.

Im gruppendynamischen Training kommen meistens Menschen zusammen, die sich in der Regel vorher nicht kennen. Die Dynamik einer Gruppe entsteht somit im Prozess des Trainings. In meiner Arbeit als Trainer, Therapeut, Coach und Supervisor habe ich es meist mit Gruppen zu tun, die bereits miteinander arbeiten beziehungsweise leben und mit einem konkreten Anliegen kommen, das sie als problematisch oder belastend erleben. In der Praxis geht es dann entsprechend auch darum, sich zu verorten und die Dynamik zu verstehen, die bereits entstanden *ist.* Auch hierbei kann das Kooperationsspiel sehr hilfreich sein, weil es durch seine Herausforderung zur Zusammenarbeit die Dynamik im Hier und Jetzt erlebbar macht.

---

4 Die angewandte Gruppendynamik bezieht sich auf ein von Lewin in den 1940er Jahren entwickeltes Führungskräftetraining, das sich seither in vielen psychosozialen Kontexten etabliert hat (Therapie, Coaching, Training u. a.; Leven, 2013).

3 Systemische Grundhaltungen

Im systemischen Beratungsprozess stehen Grundhaltungen für die Essenz systemischen Denkens und Handelns, sie interagieren mit Werten und Ethik und beeinflussen das *Wie* dieses Denkens und Handelns. Nicht die Anwendung eines bestimmten Tools, nicht das Stellen einer genialen Frage sollte das Ziel der Systemiker sein. Tools sind eher vergleichbar mit Ton- und Fingerübungen beim Erlernen eines Musikinstrumentes. Sie selbst sind noch keine Musik, helfen aber, Musik entstehen zu lassen. Einige der wichtigsten Grundhaltungen, die in systemischer Arbeit von Bedeutung sind, seien hier in Verbindung mit dem Kooperationsspiel aufgeführt:

1) *Hypothetisieren* bedeutet, dass wir mit plausiblen Vermutungen arbeiten, die eine Perspektive aus einer bestimmten Blickrichtung betreffen und nicht eine Wahrheit oder Tatsache (in den folgenden Fallbeispielen werden solche Hypothesen präsentiert). Hypothesen verstehe ich im Prozess als Anregungen zum Reflektieren und als Anlass zu Dialog und Verhandlung. In meiner Arbeit sehe ich mich selbst dabei als Vermittler zwischen wissenschaftlichen Erkenntnissen und dem Lebens- und Erkenntniskontext meiner Klienten. Hypothesen können Menschen dabei helfen, sich selbst in ihrer kontextuellen Dynamik in Bezug auf ihre Probleme, ihre Leiden und ihre Belastungen besser zu verstehen, um damit den Boden für Lösungsmöglichkeiten zu bereiten. In Bezug auf das Kooperationsspiel bedeutet dies auch, dass wir beispielsweise ein Feedback immer als eine mögliche Hypothese verstehen, die wir den Teilnehmenden zur Verfügung stellen. Wir laden sie zu einem Dialog auf Augenhöhe ein und ermuntern dazu, sich zur Hypothese zu positionieren: Teilnehmende reflektieren dann, ob das Feedback

zu ihrer Realität passt, ob sie es annehmen oder korrigieren wollen und welche Ideen sie integrieren möchten.

2) *Kontextualisierung* meint, so wurde oben bereits angedeutet, dass Probleme, Belastungen und Symptome, aber auch Lösungen, Ressourcen und Ziele immer im Kontext eines sozialen Systems betrachtet werden. In jeder Gemeinschaft werden auch die innere Dynamik, Regeln, Aufgaben und Funktionen vom Kontext mit beeinflusst. Nicht die Eigenschaften und Verhaltensweisen eines Individuums stehen im Vordergrund, sondern das interaktionelle Zusammenspiel. Die Reflexion der Dynamik des Kontextes einer Gemeinschaft sollte im Beratungsprozess, der dem Einsatz des Spiels vorangeht, immer sehr gründlich analysiert werden, besonders die Unterscheidung, welche kontextuellen Anforderungen, Aufgaben und Dynamiken von den Teilnehmenden relativ einfach, schwerer oder gar nicht beeinflusst werden können. Dies ist wichtig, da das Spiel nur geeignet ist, um die Binnendynamik einer Gruppe zu fokussieren.
3) Das Konzept der *Zirkularität* hilft uns, Verhalten und Kommunikation in Beziehungen als wechselseitig und sich gegenseitig beeinflussend zu betrachten. Anstatt nach linearen Ursache-Wirkungs-Zusammenhängen wird nach Mustern und Dynamiken gesucht. Dabei reicht es nicht, zirkuläre Fragen zu stellen, sondern vielmehr muss zirkulär gedacht werden. Im Spielverlauf und besonders bei der anschließenden Reflexion bedeutet dies, dass wir die Rollen und Funktionen nicht als statische Eigenschaften von Personen verstehen, sondern als interaktionelle Phänomene, die sich stetig verändern.
4) *Neutralität und Allparteilichkeit* bedeuten, dass ich keine Seite oder Person eines Systems bevorzuge und Partei ergreife. Diese Grundhaltungen implizieren auch Neutralität gegenüber den Problembeschreibungen und Lösungsansätzen. In meiner Praxis benenne ich sie als Möglichkeiten, die nebeneinander reflektiert und ausgewertet werden. Welche Perspektive ein System übernimmt, entscheidet es selbst. Konkret bedeutet dies für das Kooperationsspiel, allen Beteiligten sehr wertschätzend zu begegnen und ihnen zu vermitteln, dass jede Funktion, Aufgabe und Sichtweise im Zusammenspiel eine besondere Bedeutung für die Gemeinschaft haben. Besonders wenn Konflikte mit abwertenden Sätzen kommuniziert werden, ist Neutralität essenziell.
5) In der *Ressourcenorientierung* konzentriere ich mich immer auch auf die Stärken und Ressourcen der Klienten und des Systems. Gemeinsam mit den Klientinnen arbeite ich daran, vorhandene Ressourcen zu erkennen, zu benennen und sie zur Lösung von Problemen zu nutzen. Außerdem geht es darum, die Dynamiken eines Systems, die zufriedenstellend sind und sich bewährt haben, hervorzuheben. Viele Menschen sind es gewohnt, dass in Beratungsprozessen auf Fehler hingewiesen wird, wie auch in der Schule Noten verteilt werden. Dadurch entstehen während des Spielverlaufs bei vielen Menschen Ängste davor, sich zu zeigen und sich auszuprobieren. Die einleitenden Sätze zur konkreten Spielanleitung, die später beschrieben wird, sind hingegen ein Beispiel dafür, wie eine positive ressourcenorientierte Grundhaltung kommuniziert und sichtbar gemacht werden kann.
6) *Lösungsorientiert* meint für mich, dass neben der Analyse von Problemen und Belastungsfaktoren immer auch deren Lösungen fokussiert werden. Welchen Lösungsweg das System dabei geht, bestimmen die Klienten. Das Kooperationsspiel ver-

deutlicht Aspekte und lädt Teilnehmende dazu ein, eine Lösung für ihre Probleme zu finden. Die Lösung kann sich dabei bereits im Spielverlauf manifestieren oder in der anschließenden Reflexion erarbeitet werden. Im Spielverlauf habe ich es schon oft erlebt, dass Teilnehmende sich auch anders und damit neu ausprobiert haben und dabei weiterführende Lösungsideen bekamen.

7) Jedes Mitglied eines sozialen Systems hat *individuelle Narrative* und alle zusammen haben *gemeinsame Narrative,* die oft implizit vermittelt und erzählt und auch unterschiedlich verstanden werden. In meiner Arbeit mit sozialen Gemeinschaften spielt die Beschäftigung mit einer gemeinsamen und offen kommunizierten Erzählung eine große Rolle. Gerne arbeite ich daran, implizite in explizite Narrative zu überführen. Das Spiel regt dazu an, über diese Narrative aus der Perspektive des Erlebens nachzudenken, mehr hierzu im Folgenden.

4 FREIES DENKEN UND FANTASIEREN – GRENZEN UND MÖGLICHKEITEN

4.1 DAS ENTSCHEIDUNGSDILEMMA

Bei sogenannten Vexierbildern (s. Abbildung 1) gibt es in der Regel mindestens zwei »richtige« Deutungen, wir treffen hier auf ein Entscheidungsdilemma. Diesem könnte man dadurch entrinnen, dass man nicht einer »Entweder-oder-Logik«, sondern einer »Sowohl-als-auch-Logik« folgt: Selbst wenn man zunächst nur eine Bildversion erkennt, kann man die zweite Version dennoch nachvollziehen, sobald sie in das eigene Blickfeld gerückt ist; beide Versionen können also gültig nebeneinander existieren, unser Gehirn ist dazu durchaus in der Lage. In angeheizten Teamdiskussionen gelingt ein Sowohl-als-auch nicht immer, engagiert wird der eigene Standpunkt verteidigt und gestritten. Bei handlungsleitenden Problemstellungen können zwar unterschiedliche Sichtweisen gewürdigt werden und als Alternativen nebeneinanderstehen, am Ende jedoch erfordert es dennoch eine Entscheidung für die eine oder andere Version. So muss sich beispielsweise das Team einer Werbeagentur vor einer Präsentation auf *eine* Version einer Kampagne festlegen. Eine »Sowohl-als auch«-Entscheidung wäre hier nicht zielführend, auch wenn die verschiedenen Kampagnen-Versionen eine gute Qualität haben. Sofern allerdings die Begründung für die Wahl einer Variante transparent gemacht wird und der Verzicht auf jegliches dogmatische Vorgehen die Grundlage des Entscheidungsprozesses bildet, kann sich das positiv auf die Zusammenarbeit eines Teams auswirken. Das Kooperationsspiel enthält in diesem Kontext keine Anleitung für das Erfassen von Fakten, die Entwicklung von Perspektiven oder die Erstellung von Prognosen. Es stellt

Optical Illusion, Rabbit Or Duck? 1892/akg-images/Science Source

Optical Illusion, Young Versus Old, 1888 akg-images /Science Source

Abbildung 1: Beispiele für Vexierbilder

aber die Frage, *wie* das Team seine Entscheidung im Kommunikationsprozess trifft. Unterstützt wird dieser Prozess durch die Auswahl der Bildkarten, bei denen bewusst darauf geachtet wurde, dass sich den Motiven keine reale Bedeutung zuordnen lässt. Eine Bedeutung erhalten diese Bilder nämlich erst und allein durch die inneren Konstruktionen der Betrachtenden.

4.2 LATERALES DENKEN

Bei Entscheidungsprozessen in sozialen Gemeinschaften haben wir meistens den Anspruch, objektiv, faktenbasiert und rational vorzugehen. Aber selbst bei eindeutiger Faktenlage wird sehr oft emotional diskutiert, in sozialen Dynamiken sind immer auch Emotionen, Fantasien, Sorgen und Ängste im Spiel – wir Menschen sind eben keine rein rationalen Wesen. Genau auf diese Bereiche fokussiert sich das Kooperationsspiel. Unsere Emotionen, Wahrnehmungen und Fantasien sind keine Störfaktoren, sondern Ausgangspunkt für laterales Denken. Deshalb ist es zielführend, diese Anteile im kreativen, assoziativen Dialog zu veröffentlichen und sie dadurch bewusster wahrnehmbar zu machen, was wiederum zu besseren konsensualen Entscheidungsfindungen führen kann.

Laterales Denken, auch bekannt als kreatives oder divergentes Denken, ist bei Entscheidungen in Gruppen aus verschiedenen Gründen wichtig:

- Es fördert die Einbringung vielfältiger Ideen und Perspektiven, die bei der Problemlösung von Nutzen sein können.
- Die Gruppenmitglieder werden ermutigt, gerade bei komplexen Problemen über traditionelle Denkmuster hinauszugehen, verschiedene Aspekte und die gesamte Bandbreite der Herausforderung zu berücksichtigen und neue Ansätze zu erkunden, gerade auch durch die Förderung kreativer Freude. Dies kann zu innovativeren Lösungen führen, die möglicherweise nicht in einem konventionellen Denkprozess entdeckt worden wären.

- Es kann dazu beitragen, die Fähigkeit zu Kompromiss und Konsens zu fördern, da es Gruppenmitgliedern ermöglicht, verschiedene Standpunkte zu berücksichtigen; es begünstigt also, verstärkt in »Sowohl-als-auch«- und weniger in »Entweder-oder«-Mustern zu denken. Ein ausreichendes Maß an Ambiguitätstoleranz[5] ist hier notwendig und weniger ein Beharren auf seiner eigenen Meinung.

4.3 FANTASIE UND KONSTRUKTIVISMUS

Schon Sigmund Freud ließ seine Patienten mitunter in entspannter Atmosphäre frei assoziieren, um so laterales Denken zu fördern. Kreative Tätigkeiten erfordern zunächst einmal Fantasie, also ein möglichst anschauliches Vorstellungsvermögen von Dingen, die sichtbar oder nicht sichtbar sind. Wir Menschen besitzen die Fähigkeit, die Inhalte unseres Gedächtnisses mit den Resultaten unserer Wahrnehmung zu kombinieren, und zwar mithilfe von Assoziationen. Eine naive Sichtweise unterstellt, dass wir mit unserem Sinnesapparat die Wirklichkeit derart wahrnehmen, wie sie tatsächlich ist - mit Bild, Geräusch, Geruch, Geschmack, Gefühl. Dies ist allerdings nur selten der Fall. Denn Wahrnehmung in ihrer vollständigen Komplexität ist immer auch eine Spiegelung unserer inneren Wirklichkeit. Unser Gedächtnis funktioniert dabei in der Regel sehr ökonomisch - mit der Folge, dass wir jeder Wahrnehmung und Erinnerung automatisch eine Ausschmückung, eine Fantasie hinzufügen. Um ein Beispiel anzubringen: Wir betrachten den Himmel, beobachten die Wolkenformationen. Nicht lange, und unser Gehirn lässt uns Gestalten oder Gegenstände erkennen. Wir sehen Krokodile, Monster, Feen, Pflanzen … Real sind diese Luftbilder, Formen und Silhouetten nicht, real sehen wir schlichtweg lediglich Wolken. Hierbei erleben wir die geniale Fähigkeit unseres Gehirns, Ähnlichkeiten mit tatsächlich Gegebenem zu realisieren und den wahrgenommenen Wolkenformationen eine Bedeutung zuzuordnen, also Bedeutung zu konstruieren.

Diese Fähigkeit gibt uns in unserem Alltag Orientierung. Sie ist in der Regel so selbstverständlich für uns, dass wir überhaupt nicht weiter über sie nachdenken, sondern sie einfach nutzen. In vielen Situationen ermöglicht sie uns, Zeichen zu verstehen und uns zurechtzufinden, ohne dass dies einer weiteren und oftmals komplizierten Erklärung bedürfte. Zur Abbildung 2 sagen wir: »Das ist ein Auto.« Dabei hat das Piktogramm lediglich die Eigenschaft des optisch wahrnehmbaren Umrisses mit einem Auto gemeinsam. Bei einer Annäherung an das Gegenständliche müssten wir eigentlich sagen: »Dies ist eine gedruckte zwei-

Abbildung 2: Piktogramm Auto

5 Ambiguitätstoleranz, also die Toleranz der Mehrdeutigkeit, bezieht sich auf die Fähigkeit einer Person oder Gruppe, Unsicherheit, Mehrdeutigkeit und komplexe, unstrukturierte Informationen zu tolerieren oder zu akzeptieren. Diese Toleranzfähigkeit ist ganz generell in vielen Entscheidungssituationen wichtig, da es bei hoher Komplexität in einer sich ständig verändernden Welt nicht immer möglich ist, alle relevanten Fakten zu kennen oder vorherzusagen.

dimensionale Abbildung auf weißem Papier mit schwarzer Druckerfarbe, bei der die Umrisse eine gewisse Ähnlichkeit mit gewissen Automobilen aufweisen.«

Die Erkenntnistheorie des Konstruktivismus beschreibt diesen Vorgang aus philosophischer Perspektive: Es geht im Kern nicht um das *Wesen der Dinge,* sondern um den *Prozess und die Entstehung von Erkenntnis.* Dabei rückt also die beobachtende Person in den Fokus – und nicht die von ihr unabhängige »objektive Realität«. Beobachtende werden so als Teil des Erkenntnisprozesses begriffen, woraus die Verabschiedung von der Vorstellung einer absoluten Wahrheit und einer empirischen Objektivität folgt. Stattdessen rückt das Interesse an der Differenz und Vielfältigkeit ins Zentrum möglicher Wirklichkeitsauffassungen.

Diese konstruktivistische Sichtweise findet ihre Bestätigung auch durch die aktuelle neurowissenschaftliche Forschung. So untersuchte der Hirnforscher Rainer Maria Bösel (2016), wie das Gehirn zwischen Realität und Fiktion unterscheidet. Er konnte die Aktivierung einzelner Regionen des Gehirns bei der Fantasieproduktion, bei der Beurteilung des Realitätsgehalts und bei den spekulativen Weiterführungen des unmittelbar Wahrgenommenen nachweisen. So bestätigt sich die bereits aufgeführte Postulierung des Konstruktivismus, dass unser Gehirn nicht nur an intellektuellen und sozio-emotionalen Funktionen beteiligt ist, sondern auch eine deutende Funktion besitzt.

Beim Auto-Piktogramm dürften nun die Einigung auf eine Ähnlichkeit und die daraus folgende Zuordnung einer Begrifflichkeit nicht schwerfallen, bei Wolkenbildern ist dies allerdings schon etwas komplizierter. Möglicherweise erkennt man in Abbildung 3 einen röhrenden Elch, ein schlafendes Schaf oder ein Formel-1-Auto. Oder Lesende fragen sich jetzt, wo denn nun diese Formen sind, die da gerade aufgezählt werden. Vielleicht regt sich auch ein unmittelbarer innerer Widerspruch: »*Ich* sehe was *ganz* anderes, einen …« Und gegebenenfalls sagt auch jemand: »Was soll der Quatsch, sind doch einfach nur Wolken!«

Maegan Neufeld/Pexels

Abbildung 3: Wolkenformationen

Bei einer Entscheidungsfindung in Gruppen liegt nun die Herausforderung darin, einerseits die Kreativität eines jeden Einzelnen zu nutzen, zugleich aber ein möglichst verbindliches Konstrukt zu finden, mit dem alle einverstanden sind oder auf das sich zumindest alle einigen und das alle (oder zumindest viele) plausibel finden beziehungsweise nachvollziehen können. So nutzte ich bei den ersten experimentellen Versuchen zur Durchführung eines Kooperationsspiels Motive des Rorschach-Tests[6] und legte sie Familien mit der Aufgabe vor, sich auf eine Deutung zu einigen. Dabei wurden die Teilnehmenden von der jeweiligen Familientherapeutin beobachtet und anschließend erhielten sie ein situativ-intuitives, wenig konzipiertes und lediglich den spontanen Beobachtungen folgendes Feedback zu ihrem Vorgehen. Es war spannend zu beobachten, wie sich die jeweilige Familie auf eine Konstruktion »ihrer Wahrheit« einigte.

6 Der Rorschach-Test wurde vom Schweizer Psychiater und Analytiker Hermann Rohrschach entwickelt und 1921 veröffentlicht (Rorschach, 1921). Aus Farbklecksen auf einem Blatt Papier, das in der Mitte gefaltet wird, entstehen symmetrische Bilder, die den Betrachtenden unterschiedliche Deutungsebenen vorgeben. Als projektiver Test sollte er der Persönlichkeitsdiagnostik dienen. Die Interpretation des Verfahrens erfolgte nach tiefenpsychologischen Gesichtspunkten. Aufgrund mangelhafter Gütekriterien ist der Rohrschach-Test jedoch mittlerweile als psychodiagnostisches Verfahren umstritten und nicht mehr zeitgemäß.

5 PRAXIS DES SPIELVERLAUFS

5.1 DIE KONZEPTIONELLE ERWEITERUNG DES KOOPERATIONSSPIELS

Später, während meiner Arbeit an Konzeptionen zur Teamentwicklung, erinnerte ich mich an die beschriebenen familientherapeutischen Sitzungen. Wieso, so fragte ich mich, nicht die Aufgabe direkt etablieren, dass sich ein Team auf eine einzige Sichtweise einigen solle, und zwar auf der Grundlage einer mehrdeutigen Abbildung? Ist es nicht gerade Ausweis einer besonderen Teamkompetenz, unterschiedliche Sichtweisen zu berücksichtigen, offen auch Widersprüche gelten zu lassen und sich dennoch über *eine* gemeinsame Version (bzw. Vorgehensweise oder Idee) einig zu werden? Genau genommen ist das Erzielen einer Übereinkunft bei diffuser und polyzentrischer Faktenlage eine Aufgabe, die sich so oder so ähnlich jedem kreativ arbeitenden Team stellt. Zunächst einmal existieren verschiedene Hypothesen, wobei die Herausforderung darin besteht, *eine* davon auszuwählen. Das Marketingteam muss das »beste« Foto für eine Kampagne finden, das Pädagogikteam steht vor der Entscheidung, welche Möglichkeit für einen Klienten am hilfreichsten ist, das Designerteam muss wählen, welcher Formgebung man folgen will und so weiter.

Nach ersten praktischen Erprobungen setzte ich das Spiel in der Folgezeit dann auch in der Paar- und Familientherapie[7] sowie für Selbsterfahrungen ein. Dabei folgen die

7 Eine Familie ist auch mit dem Fokus auf Zusammenarbeit, Rollen, Hierarchien und Funktionen unter der Perspektive »Team« zu begreifen.

Teilnehmenden unterschiedlichsten Mustern in der Kommunikation darüber, auf welche Motivbedeutung sie sich gemeinsam einlassen wollen/können. Hier nur einige Beispiele:

- Jede mögliche Sichtweise wird ausgesprochen und reflektiert.
- Einzelne versuchen zu dominieren und andere zu überreden, die eigene favorisierte Meinung durchzusetzen.
- Einzelne halten sich zurück und überlassen es anderen, etwas zu sagen.
- Jede Meinung zählt.

5.2 ANWEISUNGEN DER SPIELLEITUNG

Ganz gleich, in welchem Setting wir arbeiten (Therapie, Coaching, Supervision oder Training), sind wir mit Spielleitung und Moderation betraut. In der Rolle der Spielleitung erklären wir die Regeln und stellen sicher, dass diese eingehalten werden. Zuweilen kann es auch erforderlich sein, die Teams bei der Entscheidungsfindung zu ermutigen oder direkt darauf hinzuweisen, wenn ein Team »Pseudolösungen«[8] präsentiert.

Die Teilnehmenden erhalten zu Beginn durch die Spielleitung folgende Instruktion: »Bei dem folgenden Spiel benötigen Sie vor allem etwas Fantasie. Es ist unmöglich, etwas falsch zu machen. Am günstigsten wäre es, wenn Sie sich offen zeigten und so handeln, wie Sie es üblicherweise in ähnlichen Situationen täten. Auf diese Weise helfen Sie uns dabei, Ihnen nach dem Durchlauf ein möglichst authentisches Feedback zu geben. Wir werden Sie dabei beobachten, wie Sie in Ihrem Team/in Ihrer Familie/mit Ihrem Gegenüber Entscheidungen finden und treffen. Dabei werden wir uns besonders auf Ihre Ressourcen konzentrieren, weil es wichtig ist, diese stärker zu machen. Außerdem bekommen Sie auch Anregungen, wie sie sich als Gruppe (Familie, Team …) weiterentwickeln und verbessern können. Nach dem Durchlauf des Spiels werden Sie von uns hierzu eine Rückmeldung bekommen, die wir im Anschluss mit Ihnen gemeinsam auswerten.

Vor Ihnen liegt ein verdeckter Stapel mit zwölf abstrakten Bildern. Ihre Aufgabe ist es nun, sich im Team darauf zu einigen, was auf den Bildern zu sehen sein könnte. Ein Durchlauf ist erst dann beendet, wenn Sie sich auf eine Version geeinigt haben. Diese Version wird der Spielleitung mitgeteilt. Wichtig dabei ist: Die Lösung muss von der Spielleitung akzeptiert werden, ›faule Kompromisse‹ oder ›Pseudolösungen‹ gehören nicht dazu. Eine Pseudolösung wäre etwa, wenn Sie sagen würden: ›Das ist ein abstraktes Gemälde‹ oder ›Das sind verschwommene Farben‹. Ein fauler Kompromiss wäre es,

---

8 Pseudolösungen sind vorschnelle Kompromisse, bei denen weder diskutiert oder um eine Lösung gerungen wurde, noch unterschiedliche Standpunkte gegeneinander abgewogen worden sind. Pseudolösungen können auch nichtssagende Einschätzungen sein, auf die man sich geeinigt hat, beispielsweise: »Es ist ein Gemälde mit Farbklecksen«, »Es ist sinnloses Krikelkrakel«, »Es handelt sich um ein Blatt Papier mit Strichen« oder Ähnliches. Pseudolösungen liegen also immer dann vor, wenn sich die Teilnehmenden erkennbar nicht um eine kreative Lösung der fantasierten Gestalt bemüht haben. Sofern dies durchgängig vorkommen sollte, kann das Spiel auch unterbrochen und dieses Verhalten sodann reflektiert werden.

wenn einer Entscheidung gar zu schnell von einigen Teilnehmenden zugestimmt wurde, auch wenn sie im Grunde nicht damit einverstanden waren oder die gewählte Version nicht nachvollziehen konnten.

Erst nachdem Sie für ein Bild eine Lösung gefunden haben, betrachten Sie das nächste Bild. Es ist wichtig für Sie zu wissen, dass es keine ›richtige‹ Lösung für die Bedeutung der Bilder gibt! Vielmehr lassen sich die Bilder aus verschiedenen Perspektiven betrachten. Wir beschäftigen uns also *nicht* mit Ihrer ›Ratefähigkeit‹, sondern damit, wie Sie im Team kommunizieren, um Entscheidungen herbeizuführen. Bitte achten Sie aber dennoch darauf, eine möglichst ›gute‹ Lösung zu finden, mit der Sie sich auch identifizieren können. Es gibt kein Zeitlimit.«

5.3 DAVOR, WÄHREND, DANACH: ARBEITSBÖGEN UND REFLEXIONEN

Die beiliegenden drei Arbeitsbögen geben eine Anregung, wie der Prozess beobachtet und reflektiert werden kann, auch ohne ausführliche Erklärung. Sie dienen zur Orientierung, pro Runde wird ein neuer Bogen genutzt. Sie können besonders hilfreich sein, wenn ein Coach noch nicht viel Erfahrung mit Gruppen machen konnte. Die Fragen und Parameter helfen dabei, etwas Ordnung in das Chaos der Gruppendynamik zu bringen.

Zumindest der Einsatz des *Auswertungsbogens zu Parametern der Teammitglieder und zur Qualität der Lösungen* und der des *Auswertungsbogens zur Einschätzung pro Teammitglied für den gesamten Spielverlauf* ist optional und hängt auch davon ab, ob sich im Team Beobachtende finden, die auch die Bögen bearbeiten. Meist nutze ich persönlich das Spiel ohne diese beiden Auswertungsbögen, da ich oftmals alleine arbeite und es mich überfordern würde, einerseits die Spielleitung inne zu haben und gleichzeitig beobachtend die Bögen auszufüllen. Die Auswertung mittels dieser zwei Bögen erfolgt generell qualitativ, im Dialog mit den Klientinnen, sie ist demnach keinesfalls deutend oder interpretierend und auch nicht quantitativ.

5.3.1 Auswertungsbogen zu Parametern der Teammitglieder und zur Qualität der Lösungen

Der Auswertungsbogen 1 wird während eines jeden Durchgangs ausgefüllt und erfasst zu jedem Teammitglied die nachfolgenden Parameter:

A. ein Kreuz bei der Person, die als erste das Wort ergriffen hat/den ersten Satz pro Durchgang äußerte;
B. pro Redebeitrag ein Kreuz bei der jeweiligen Person eintragen, unabhängig von der Länge des Beitrages;
C. jeweils ein Kreuz bei der Person, die eine konkrete Deutungsidee mitgeteilt hat;
D. Eintrag mit einem Kreuz, wessen Idee als gemeinsames Gruppenkonstrukt angenommen wurde;

E. Kreuz bei Äußerungen zum Gruppengeschehen[9]: zur Struktur, zur Gesprächsmoderation oder zum Findungsprozess;

F. globale Einschätzung mithilfe der »Spalte-F«-Nummerierung auf dem Bogen, in welcher Rolle eine Person war, differenziert nach den folgenden Kriterien:
   1) Meinungsführer: Teilnehmende, die den Eindruck vermitteln, dass ihre Meinung oft oder rasch von den anderen akzeptiert wird. Meinungsführung kann dabei mit einer authentischen Autorität verbunden sein oder aber auch gekoppelt sein an eine gewisse Dominanz;
   2) Kritikerinnen/Opposition: Teilnehmende, die oft oder schnell widersprechen, also »anderer« Meinung sind;
   3) Moderatorinnen: Teilnehmende, die Beiträge zur Gesprächsmoderation leisten und auf Gesprächsprozess und Entscheidungsfindung einwirken;
   4) Experten: Teilnehmende, die besonders fundierte Beiträge leisten, ihre Meinung gut begründen und mit Fakten unterfüttern können;
   5) Unterstützerinnen: Teilnehmende, die sich der Meinung einer anderen Person anschließen und weniger eine eigene Meinung vertreten;
   6) Leitung/Entscheider: Teilnehmende, die die Entscheidungsfindung unmittelbar beeinflussen oder sogar die Entscheidung für die ganze Gruppe übernehmen;
   7) »Spaßvögel«: Teilnehmende, die für »gute Stimmung« sorgen, Witze oder Scherze machen;

G. Abschließend die Qualität der Lösung: Einschätzung auf einer Skala von 0 bis 10, wie gut die Qualität der Lösung war, wenn 10 eine qualitative Lösung bedeutet und 0 eine Pseudolösung.

5.3.2 Auswertungsbogen zur Einschätzung pro Teammitglied für den gesamten Spielverlauf

Nach dem vollständigen Durchlauf ist die Einschätzung der Beobachterin/der Spielleitung zu jedem Teilnehmenden mit Hilfe des Bogens 2 gefragt. Parameter hierbei sind Konstrukte, die nicht exakt definiert werden können. Dies bedeutet, dass der Beobachter/die Spielleitung das individuelle Konstrukt aus subjektiver Perspektive zu den jeweiligen unten aufgeführten Aspekten[10] zur Verfügung stellt. Dabei geht es nicht darum, standardisierte objektive Werte hinsichtlich einer Normalverteilung zu erfassen, sondern Diskussionsanlässe zu liefern und einen Nutzen für die Selbstreflexion der Teilnehmenden zu generieren. Der Auswertungsbogen beinhaltet folgende Aspekte:

9 Gemeint sind damit Äußerungen, die aus einer Metaperspektive dazu dienen, das Gespräch zu strukturieren und zu moderieren, beispielsweise: »Wer hat noch nichts dazu gesagt?«, »Am besten reden alle nach der Reihe«, »Jeder sollte seine Meinung sagen können«.

10 Für diese Aspekte wählte ich solche, die Eigenschaften beschreiben, eine gewisse Allgemeinverständlichkeit haben und sich in der praktischen Arbeit aus Sicht meiner eigenen Erfahrung bewährt haben.

A. Einschätzung der Bereitschaft auf einer Skala von 0 bis 10, Ideen einzubringen, wobei 10 hohe Bereitschaft und 0 keine bedeutet;
B. Einschätzung auf einer Skala von 0 bis 10, wie stark Kritik geäußert wurde, wobei 10 eine hohe Bereitschaft zur Kritikäußerung und 0 eine geringe Bereitschaft bedeutet;
C. Einschätzung auf einer Skala von 0 bis 10, wie stark die jeweilige Person den Prozess moderiert oder koordiniert hat, wobei 0 keine und 10 sehr viel Moderation und Koordination bedeutet;
D. Einschätzung der Bereitschaft auf einer Skala von 0 bis 10, Argumente und Expertenwissen einzubringen, wobei 10 eine hohe Bereitschaft und 0 keine Bereitschaft bedeutet;
E. Einschätzung der Bereitschaft auf einer Skala von 0 bis 10, Empathie zu zeigen oder andere zu unterstützen, wobei 10 eine hohe und 0 eine niedrige Bereitschaft bedeutet;
F. Einschätzung der Bereitschaft auf einer Skala von 0 bis 10, Konflikte anzusprechen, wobei 10 hohe und 0 keine Bereitschaft bedeutet;
G Einschätzung der Bereitschaft auf einer Skala von 0 bis 10, Leitungsaufgaben und Führung zu übernehmen, wobei 10 eine hohe und 0 eine niedrige Bereitschaft bedeutet;
H. Einschätzung der Bereitschaft auf einer Skala von 0 bis 10, Späße zu machen oder Humor zu zeigen, wobei 10 eine hohe und 0 keine Bereitschaft bedeutet.

5.3.3 Auswertungsbogen zur Selbsteinschätzung der Teilnehmenden

Am häufigsten setze ich diesen Auswertungsbogen ein, da dieser vorab individuell von den Teilnehmenden selbst ausgefüllt werden kann und Impulse setzt, eigene Verhaltensweisen und Denkmuster zu reflektieren. Bei einem ausreichenden Zeitkontingent erarbeite ich nach dem Spiel mit den Teilnehmenden eigene »Werteparameter«, die die Grundlage für die anschließende Auswertung des Bogens bilden. Leitfragen für diese Parameter könnten sein:

- Was ist uns in der Kommunikation miteinander wichtig?
- Welche Rollen und Funktionen sollte es in unserem Team/in unserer Familie/in unserer Partnerschaft geben?
- Welche Werte sind in unserem Zusammensein oder bei Konflikten für uns von Bedeutung?
- Welche Verhaltensweisen empfinden wir in Gesprächen als hilfreich, konstruktiv und förderlich für Konfliktlösungen?
- Nach welchen Regeln treffen wir Entscheidungen?

5.3.4 Feedback

Nach dem Durchlauf des Kooperationsspiels folgt in Bezugnahme auf den *Auswertungsbogen zur Selbsteinschätzung der Teilnehmenden* die Rückmeldung aus der Spielleiter-/Beobachterperspektive in Form von Feedback zu den Teilnehmenden. Dies geschieht in einer wohlwollenden und wertschätzenden Atmosphäre. Die Teilnahme an diesem Spiel stellt für die meisten Menschen eine Herausforderung dar, manche verspüren sogar Angst oder Stress: Wie unter einem Brennglas wird man immerhin dabei beobachtet, wie man etwas von sich preisgibt. Es kann auch unangenehm sein, wenn aus dem Feedback Gedanken wie diese resultieren: »Habe ich wirklich so viel geredet?«, »Bin ich wirklich so dominant? Was halten denn dann überhaupt die anderen davon?« Deswegen ist es die spezifische Aufgabe der Spielleitung, immer wieder nachzufragen, welche Bedeutung ihr Feedback im persönlichen Kontext der Teilnehmenden hat und welche Beschreibungen diese für sich selbst bereit sind anzunehmen, weil sie die Rückmeldung als hilfreich empfinden. Die systemischen Grundhaltungen der Wertschätzung und Ressourcenorientierung sind hier von besonderer Bedeutung. Nur wenn Teilnehmende das Feedback annehmen können, ist es eine »passende« Rückmeldung. Es geht nicht darum, jemanden zu »diagnostizieren«, sein Verhalten zu »deuten«; die persönlichen Eigenschaften der Teilnehmenden dürfen demnach nicht im Vordergrund stehen, wie schon betont wurde. Vielmehr ist Feedback durch die angestoßene Selbstreflexion Mittel, um Veränderungen anzuregen, Strukturen, Gewohnheiten oder Abläufe aufzubrechen und neue Sichtweisen zu befördern.

6 KONKRETE EINSATZMÖGLICHKEITEN DES KOOPERATIONSSPIELS

Schon im Voraus wurde hin und wieder kurz auf die Einsatzmöglichkeiten des Tools hingewiesen. Im Folgenden sollen nun dezidiert drei unterschiedliche exemplarische Settings und ihre Besonderheiten beschrieben werden, in deren Kontext ich persönlich am häufigsten im Rahmen von Teamentwicklung und Coaching mit dem Kooperationsspiel tätig werde.

6.1 TEAMBERATUNG

Der Begriff »Teamberatung« wurde hier übergeordnet gewählt und inkludiert unterschiedliche Settings wie Supervision, Coaching und Training in Teams. Das Kooperationsspiel kommt unter anderem zum Einsatz, wenn der Auftrag »Zusammenarbeit« oder »Konfliktmanagement« lautet. Bei der Arbeit mit einem Team sind die folgenden Aspekte besonders bei der anfänglichen Auftragsklärung wichtig:

1) Es ist vorab sinnvoll, eine inhaltliche Unterscheidung zwischen Team, Arbeits-, Projekt-, Intervisionsgruppe oder Ähnlichem zu treffen (auch wenn in der Arbeitswelt überwiegend vereinfachend von »Team« die Rede ist). So bezieht sich das Teamverständnis, das ich in meinen Coachings erarbeite, unter anderem darauf, dass ein Team gemeinsam an einem Produkt oder einer Dienstleistung arbeitet, die Qualität der Arbeit ist von allen Mitgliedern abhängig (bspw. das Team in einer Jugendwohngruppe, von dem alle Mitglieder in sozialpädagogische Prozesse einer Gruppe

Jugendlicher involviert sind). Im Unterschied hierzu haben wiederum Arbeitsgruppen einen gemeinsamen Auftrag, der thematisch definiert ist, aber jedes Mitglied ist für die Qualität der Arbeit individuell verantwortlich (die Außendienstmitarbeiterinnen einer Firma, bei der jede eine bestimmte Region betreut). Der Grad der gegenseitigen Abhängigkeit bei der Erfüllung des Arbeitsauftrages und der Umgang mit Konkurrenz im eigenen Team sind bei der Unterscheidung die wesentlichen Parameter.

2) Jedem Team liegt eine Arbeitsidentität und -kultur zugrunde. Gerne gehe ich hier mit den Klienten auf eine gemeinsame Suche nach inneren Bildern oder Metaphern und in einen Diskurs über gemeinsame Ziele, Werte, Visionen und Sinn ihrer Arbeit. Sprachbilder wie »Wir sitzen alle in einem Boot«, »ein Team wie eine Fußballmannschaft«, »ein bunter Chaoshaufen«, »ein Rudel ohne Leitwolf« oder »Wir arbeiten so präzise wie ein Formel-1-Team beim Boxenstopp« können hilfreich als Ausgangspunkt für Team-Narrative genutzt werden.
3) In vielen Teams gibt es, so klang es bereits im Kapitel 5.3.1 an, eine unterschiedliche Wahrnehmung von Rollen, Verantwortlichkeiten und Funktionen. Zu unterscheiden ist hier, was implizit oder explizit gelebt oder vereinbart wurde und wo eine Weiterentwicklung gewünscht ist.
4) Von Interesse sind immer auch Fragen zu Feedbackkultur und den Konflikterfahrungen in der bisherigen Teambiografie: Können Konflikte besprochen, bearbeitet oder gelöst werden? Gibt es Rückmeldung zur Person, zu erfüllten Aufgaben oder zur Qualität der Arbeit? Wer spricht mögliche Konflikte oder Fehler an?
5) Ein weiterer Schwerpunkt meiner Arbeit sind Fragen zur Nachhaltigkeit: Werden Veränderungen nachhaltig überprüft, Vereinbarungen und erarbeitete verbesserte Prozesse eingehalten? Gibt es eine interne Kontrolle, ein Fehlermanagement und entsprechende Unterstützungssysteme wie Anleitung und Beratung?
6) Besteht innerhalb der Gruppe ein ausreichendes Maß an Vertrauen, durch welches die Chance auf eine gewisse Arbeitszufriedenheit, Motivation und Produktivität erhöht wird?

FALLBEISPIEL Unterschiedliche Rollenwahrnehmungen aufdecken

Nachdem das Team einer psychiatrischen Station das Kooperationsspiel durchgeführt hatte, kam es in der anschließenden Reflexion zu einem Diskurs darüber, ob die Leitung des Teams eher wie der Trainer oder der Kapitän einer Fußballmannschaft sein sollte. Beim Spiel hatte sich die Leitung nämlich sehr zurückgehalten und Impulse »von der Trainerbank an der Seitenlinie aus« gesetzt, aber nicht direkt Stellung bei der Deutung der Bilder bezogen. Dies spiegelte sich auch im Arbeitsalltag wider: Die Leitung vertrat die Position, eher beratend und moderierend arbeiten zu wollen (wie ein Trainer). Im Team hingegen wurde der Wunsch geäußert, dass die Leitung sich in Vorbildfunktion mit konkreten Anweisungen direkter einbringen sollte (wie ein Kapitän). Das Spiel verdeutlichte hier also den Dissens und die Vorstellung von einer Leitungsposition. Im weiteren Prozess wurde an einem gemeinsamen abgestimmten Leitungsverständnis gearbeitet.

FALLBEISPIEL Wenn eine Person die Zügel übernimmt

Im Kontext einer Teamentwicklung führte das kleine Team einer therapeutischen Intensivgruppe das Kooperationsspiel durch. Formuliertes Ziel des Teams war es, sich besser in seiner pädagogischen Vorgehensweise abstimmen zu wollen, damit die Jugendlichen, die das Team gemeinsam betreute, sie nicht mehr gegeneinander ausspielen können. Es war immer wieder zu Vorfällen gekommen, bei denen die Jugendlichen Regeln ausgehebelt hatten: Waren sie mit der Regelung einer Betreuerin nicht einverstanden, kehrten sie diese bei einer anderen Betreuerin um. Nun wünschte sich das Team, Verhaltensregeln für die Teammitglieder und auch die Fokussierung der eigenen Aufgabenbereiche zuverlässiger und konsequenter einzuhalten, um besser auf das »schwierige« Klientel eingehen zu können. Das Team bestand aus sechs Mitarbeiterinnen und einer Teamleitung.

Beim Spiel übernahm eine Mitarbeiterin spontan die Führung. Sie drehte stets die Bilder um, fragte danach jede einzelne, was sie sehe, und sorgte dafür, dass schnelle Entscheidungen getroffen werden. Die anderen überließen ihr diese Leitungsrolle und ordneten sich unter. In der Reflexionsrunde gab ich dem Team zu dieser Beobachtung Feedback. Die entsprechende Mitarbeiterin äußerte sich hierzu: »Mir dauern so Teambesprechungen immer viel zu lange. So bin ich, ich habe dann das Gefühl, dass ich die anderen mitreißen muss, damit wir in die Pötte kommen.« Ich fragte daraufhin, was sie glaube, wie das für die anderen im Team sei. Ihre Antwort: »Ich glaube, ich bin denen manchmal viel zu schnell oder gehe ihnen mit meiner Art auf den Wecker.« Nach dieser Rückmeldung gaben auch die anderen Teammitglieder Feedback, im Anschluss entstand eine Diskussion über Rollen- und Aufgabenverteilung im Team und wie diese besser zur Zufriedenheit aller gestaltet werden könnten. Das Team kam zum Ergebnis, dass sie bei Fallbesprechungen genauer reflektieren müssen, um einen tragfähigen Konsens für pädagogisches Handeln zu erarbeiten. Besonders die Teamleitung überdachte anschließend ihre Handlungsweisen, sie reflektierte ihre eigene Haltung und ihr Vorgehen (und sie überließ die Leitung schließlich einer anderen Person).

6.2 FAMILIENTHERAPIE

Aus der theoretischen Perspektive betrachtet sind Familien komplexe soziale Systeme, die sich ständig entwickeln und in denen Veränderungen auf mehreren Ebenen auftreten können. Im Unterschied zu anderen sozialen Gruppierungen zeichnen sich Familien durch eine besondere emotional geprägte Bindung aus. Die Konstrukte »Blutsbande« oder »genetische Verwandtschaft« werden immer noch bemüht, passen aber nicht mehr zu einer zeitgemäßen Definition von Familie. Denn von Familie sprechen wir auch, wenn keine gemeinsame genetische Verwandtschaft besteht, wie bei Adoptionen oder in Patchworkfamilien.

Auch aus der therapeutischen Perspektive unterscheiden sich die zu bearbeitenden Konflikte in einer Familie von denen anderer Sozialgefüge vor allem durch ihre emotionale Verbundenheit und Intensität, den Erziehungsauftrag der Eltern, eine sehr heterogene Altersstruktur (bzw. die Mehrgenerationalität) und die Tatsache, dass familiäre Beziehungen nicht beendet werden können, auch wenn sie unterbrochen sind.

In der praktischen Arbeit mit dem Kooperationsspiel konnte ich schon mehrfach beobachten, dass vor allem die Perspektive der Kinder im therapeutischen Prozess deutlicher hervortreten konnte.

FALLBEISPIEL Transparente Familienstrukturen

Zur Therapiesitzung erscheint eine vierköpfige Familie: Mutter, Vater, ein Junge (acht) und ein Mädchen (zwölf). Die Familie kam in die Praxis, da die Eltern bei der Tochter zunehmend depressive Symptome wahrnahmen und die Sorge hatten, dass diese von ihnen nicht genügend beachtet würden, weil ihre Aufmerksamkeit vorrangig auf der schweren chronischen Krankheit ihres Sohnes lag. Das Spiel kam in der dritten Sitzung zum Einsatz, da die Familie sich bisher sehr »verkopft« gezeigt hatte, gepaart mit einer deutlichen Tendenz, Konflikte entweder nicht anzusprechen oder zu verharmlosen. Es zeigte sich folgendes Muster: Die Tochter brachte zunächst viel Spaß und Engagement mit ein, sie hatte viele kreative Ideen. Der Sohn zeigte sich unsicher, machte aber jedes Mal Vorschläge. Die Mutter hielt sich mit eigenen Vorschlägen zurück und moderierte vor allem zwischen den beiden Kindern, stimmte mal dem einen und mal dem anderen Kind zu. Der Vater war sehr zurückhaltend, brachte keine eigenen Impulse ein und schloss sich seiner Frau an. Im Verlauf des Spiels zeigte die Tochter zunehmend leichten Ärger. In der anschließenden Reflexion sagte sie zum Vater: »Du hast ja gar nichts gesagt, sondern nur Mama zugestimmt.« Der Vater versuchte sich dann zu rechtfertigen und zu erklären, wieso er sich so verhalten habe. Ich fragte daraufhin die Tochter, dann die anderen Familienmitglieder, ob ihr Erleben hier im Spiel ähnlich wie zu Hause gewesen sei oder eher außergewöhnlich. Die Tochter antwortete sehr spontan: »Das ist immer genau so zu Hause.« Die anderen Familienmitglieder bestätigten dies und verdeutlichten somit einen verdeckten Konflikt.

Im Spiel wurde die Perspektive der Tochter gestärkt. Sie konnte den spielerischen Rahmen und das damit verbundene Erleben nutzen, um ihr Bedürfnis, stärker wahrgenommen zu werden, deutlich zu machen. Die Familie, die sich sonst eher rational und reflektiert verhielt, reagierte im Spiel vermehrt emotional und kam damit näher ins Erleben statt in Reflexion.

6.3 WEITERBILDUNGEN

Wie schon erwähnt, nutze ich das Spiel als didaktisches Instrument in Weiterbildungen zu systemischer Beratung, Therapie oder Supervision, um Dynamiken zu demonstrieren und Hypothesenbildung anzuregen. Zu Schulungszwecken verteile ich oft verdeckt vor Spielbeginn bestimmte Rollenzuweisungen. Die Teilnehmenden bekommen dann beispielsweise einzeln Zettel ausgehändigt, auf denen steht: »Widerspreche so oft wie möglich auf elegante Weise den Ideen der anderen« oder »Deine Aufgabe ist, dafür zu sorgen, dass alle zu Wort kommen«. In einer Schulungsgruppe hat man in der Regel genügend Teilnehmende, um sowohl eine Spielergruppe als auch eine Beobachterinnengruppe zu generieren. Die Spielergruppe formiert sich dabei auf Stühlen in einem Innenkreis, die Beobachterinnengruppe im Außenkreis. Der Innenkreis kann die Dynamiken in den spezifischen Rollen erleben, der Außenkreis übt sich mehr in der Beobachtung aus der Metaperspektive und in der Hypothesenbildung. Im anschließenden Plenum wird das Ganze dann reflektiert und geordnet.

7 Vision und Realität der Teamarbeit – ein kleiner Ausflug mit einer Jazzband

Lassen Sie uns abschließend einen kleinen Ausflug in meine Erfahrungen in Bezug auf Teamarbeit unternehmen. Hier möchte ich nicht die vielen Belastungsmomente reflektieren, sondern ressourcenorientiert mein Ideal vorstellen, das mich neben vielfältigen anderen, durchaus auch problematischen Erfahrungen geprägt hat.

Ein für mich idealtypisches Team ist meine Jazzband »Mazito«. Die Besetzung besteht aus Gitarre, Schlagzeug, Bass, Trompete, Alt- und Tenorsaxofon. Unser »Produkt« ist es, Jazz auf der Bühne zu präsentieren. Je nach den Anforderungen eines Stückes haben wir Musiker unterschiedliche Aufgaben und Funktionen. Für Jazzbands typisch ist, dass es zu den Stücken nur eine Melodie und eine Harmoniefolge gibt, was bedeutet, dass jeder Musiker für seine Stimme verantwortlich ist. Meistens wird zunächst ein »Intro« gespielt, dem die Melodie, dann verschiedene Improvisationen und am Ende wieder die Melodie folgen. Seltener gibt es auch ausnotierte festgelegte Partituren für Teilbereiche oder freie Improvisationen zu Beginn. Bei Improvisationen übernimmt der Solist temporär die Führung der Band, durch sein Spiel zeigt er den anderen, wie intensiv, dynamisch oder laut die Musik wird. Alle Musiker folgen ihm durch genaues Zuhören.

Jeder Musiker ist Spezialist auf seinem Instrument, hat aber gleichzeitig den Gesamtklang der Band im Fokus. Die Lautstärke, der Rhythmus, die Intensität und das Feeling werden ständig angepasst. Nur wenn alle Musiker jeden in der Band gut hören können, gelingt dies. Musiker sagen dann, dass die Musik »groovt«, damit ist gemeint, dass das Zusammenspiel mit einer gemeinsamen Idee besonders in Bezug auf die Rhythmik gut funktioniert. Dabei spielen Nuancen in den musikalischen Parametern, im Besonderen im Microtiming, eine Rolle, die kognitiv nicht mehr nachvollziehbar sind, aber gefühlt werden; dann stimmt das »Feeling«, das subjektive Erleben.

Wenn ein Musiker ein neues Stück einbringt, ist er für dieses Stück der »Produktmanager«, er ist verantwortlich für erste Ideen: Wie das Stück interpretiert werden könnte, wie das Stück gesetzt ist, dass Noten da sind und in welcher Reihenfolge etwas gespielt werden könnte. Ob und wie ein neues Stück gespielt wird, wird dann gemeinsam im Konsens abgestimmt. Dabei gibt es oft unterschiedliche Ideen, wie »das Neue« interpretiert werden könnte. Hierüber wird offen und wertschätzend diskutiert, bis alle eine gemeinsame Idee zur Interpretation gefunden haben. Wir geben uns gegenseitiges Feedback zu unseren musikalischen Beiträgen, dieses bleibt aber immer fachlich-musikalisch begründet, und probieren unterschiedliche Variationen auch aus. Es gibt keinen Bandleader, alle bringen sich mit ihren Ideen und Kompetenzen ein. Die Band operiert als gleichberechtigtes Kollektiv. Dies gelingt durch gegenseitiges Vertrauen und Respekt und durch die intrinsische Motivation zum Mit- und Zusammenspiel.

Für mich verkörpert diese Band das Ideal eines agilen Teams, auch wenn wir dies für uns nie so intentional konzipiert haben. Wir handeln einfach so. Mir gefallen besonders die Flexibilität in Bezug auf Rollen und Funktionen (alle Musiker solieren und begleiten mal) und die hohe Motivation, ein gutes Produkt auf der Bühne abzuliefern. Alle wissen, dass ein Konzert nur gut gelingen kann, wenn sich jeder so gut es eben geht voll einbringt und alle eine gemeinsame Idee zum Stück entwickelt haben – mit Freude und Anspruch.

Nun gebe ich Ihnen für die Nutzung des Kooperationsspiels noch etwas mit auf den Weg: In erster Linie Praktiker und Anwender, halte ich den ständigen Rückbezug auf fundierte wissenschaftliche Erkenntnisse für unabdingbar. Psychosoziale Beratung wird zur Kunst, wenn Wissenschaft, Kreativität, Handwerk und Erfahrungswissen zusammenfinden. Mein persönliches Ziel ist es dabei vor allem, ein guter Kommunikator zu sein. Jede Rückmeldung ist daher herzlich willkommen! Und es würde mich sehr freuen, wenn es mir gelänge, Kolleginnen und Kollegen dazu zu motivieren, mit diesem Werkzeug zu experimentieren und es gegebenenfalls weiterzuentwickeln.

LITERATUR

Bösel, R. (2016). Wie das Gehirn »Wirklichkeit« konstruiert. Zur Neuropsychologie des realistischen, fiktionalen und metaphysischen Denkens. Stuttgart: Kohlhammer.

König, O., Schattenhofer, K. (2022). Einführung in die Gruppendynamik (11. Aufl.). Heidelberg: Carl-Auer.

Leven, K. (2013). Gruppendynamik: eine Selbstvergewisserung. Supervision 31 (2), 31–36.

Rorschach, H. (1921). Psychodiagnostik. Methodik und Ergebnisse eines wahrnehmungsdiagnostischen Experiments (Deutenlassen von Zufallsformen). Bern: E. Bircher.

Simon, B. (2019). Simons Kehrwoche. www.carlauer.de/magazin/kehrwoche/systemische-gruppendynamik (Zugriff am 15.12.2023).

BILDNACHWEIS

Ausschnitte aus Fotografien von Claus Roeske:

Bibao, 2012

San Luis Obispo, 2012

Ausschnitt aus einer Zeichnung von Diego Alejandro (2018):

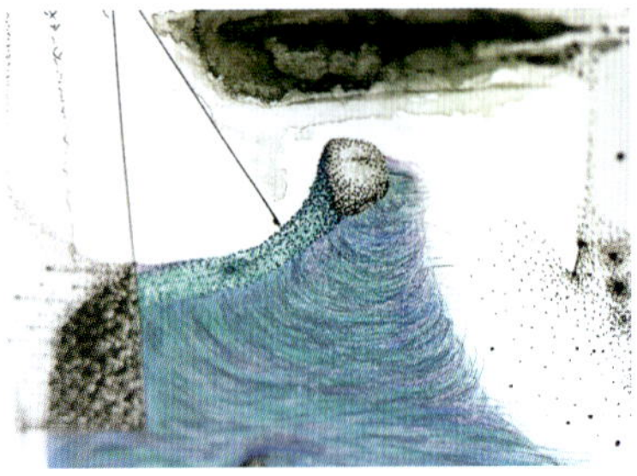

Ausschnitt aus einem Gemälde von Ulrike Jost-Westendorf:

Öl, 2009

Ausschnitte aus Gemälden von Susanne Lambers:

Acryl, 2012

Acryl, 2015

Ausschnitte aus Bildern von Shutterstock:

KRIACHKO OLEKSII/
Shutterstock.com

Vojce/Shutterstock.com

Ly_s_world/Shutterstock.com

popovartem.com/
Shutterstock.com

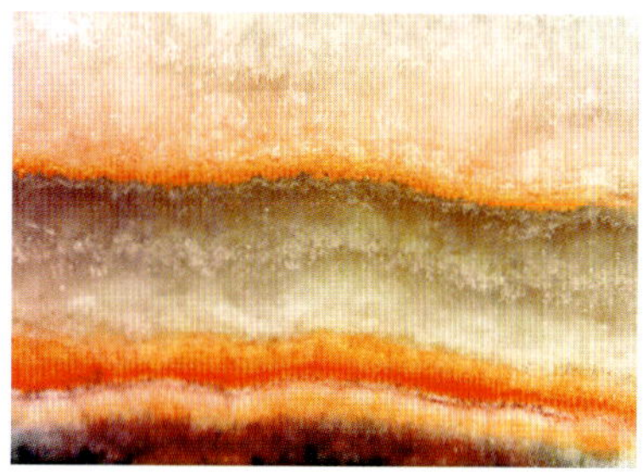

assistant/Shutterstock.com

Excellent backgrounds/
Shutterstock.com

Bibliografische Information der Deutschen Nationalbibliothek:
Die Deutsche Nationalbibliothek verzeichnet diese Publikation in der Deutschen Nationalbibliografie; detaillierte bibliografische Daten sind im Internet über https://dnb.de abrufbar.

Umschlagabbildung: popovartem.com/Shutterstock.com

Die Motive der Spielkarten sind Ausschnitte aus Acryl- und Ölgemälden von Susanne Lambers und Ulrike Jost-Westendorf, Fotografien von Claus Roeske und einer Zeichnung von Diego Alejandro sowie Bildern von Shutterstock.com.

Satz: SchwabScantechnik, Göttingen
Druck und Bindung: GrafikMediaProduktionsmanagement GmbH, Köln
Printed in the EU

Vandenhoeck & Ruprecht Verlage | www.vandenhoeck-ruprecht-verlage.com

ISBN 978-3-525-40036-4

Der Autor

Claus Roeske ist Diplom-Musiktherapeut, lehrender systemischer Supervisor, Therapeut (SG und DGSF) und approbierter Kinder- und Jugendlichen-Psychotherapeut in systemischer sowie tiefenpsychologischer Therapie. Er ist Geschäftsführer und Mitinhaber der ORGENS Akademie und in eigener Praxis für Psychotherapie und Supervision in Herford tätig.

Der Inhalt

Das von Claus Roeske entwickelte Kooperationsspiel ist eine kreative Technik, die zur Reflexion von Beziehungsdynamiken und Entscheidungsfindung in Gruppen, Teams oder Familien motiviert. Visuell anregend gestaltete Bildkarten fordern die Teilnehmenden zu lebendigem Austausch auf, während sie sich gemeinsam auf die motivische und inhaltliche Bedeutung einigen. Die Herausforderung bei der Entscheidungsfindung liegt darin, der Kreativität und Intuition eines jeden Einzelnen zu vertrauen, zugleich aber auch ein möglichst verbindliches Konstrukt zu finden, mit dem alle einverstanden sind.

Vandenhoeck & Ruprecht Verlage

www.vandenhoeck-ruprecht-verlage.com

AUSWERTUNGSBOGEN 1: Parameter der Teammitglieder und Qualität der Lösungen*

Runde:

Spalte F: **1** Meinungsführung **2** Kritik/Opposition **3** Moderation **4** Expertise **5** Unterstützung **6** Leitung/Entscheidung **7** »Spaßvögel«

Teammitglied	A Erster Beitrag	B Redebeitrag	C Deutung	D Idee angenommen	E Äußerung zum Gruppengeschehen	F Rolle

G: Qualität der Lösung: 0 (Pseudolösung) – 1 – 2 – 3 – 4 – 5 – 6 – 7 – 8 – 9 – 10 (qualitative Lösung)

* Diese Arbeitsbögen sind online unter https://www.vandenhoeck-ruprecht-verlage.com/mit-fantasie-zur-kooperation abrufbar.

AUSWERTUNGSBOGEN 1: Parameter der Teammitglieder und Qualität der Lösungen*

Runde:

Spalte F: **1** Meinungsführung **2** Kritik/Opposition **3** Moderation **4** Expertise **5** Unterstützung **6** Leitung/Entscheidung **7** »Spaßvögel«

Teammitglied	**A Erster Beitrag**	**B Redebeitrag**	**C Deutung**	**D Idee angenommen**	**E Äußerung zum Gruppengeschehen**	**F Rolle**

G: Qualität der Lösung: 0 (Pseudolösung) – 1 – 2 – 3 – 4 – 5 – 6 – 7 – 8 – 9 – 10 (qualitative Lösung)

* Diese Arbeitsbögen sind online unter https://www.vandenhoeck-ruprecht-verlage.com/mit-fantasie-zur-kooperation abrufbar.

AUSWERTUNGSBOGEN 1: Parameter der Teammitglieder und Qualität der Lösungen*

Runde:

Spalte F: **1** Meinungsführung **2** Kritik/Opposition **3** Moderation **4** Expertise **5** Unterstützung **6** Leitung/Entscheidung **7** »Spaßvögel«

Teammitglied	**A Erster Beitrag**	**B Redebeitrag**	**C Deutung**	**D Idee angenommen**	**E Äußerung zum Gruppengeschehen**	**F Rolle**

G: Qualität der Lösung: 0 (Pseudolösung) – 1 – 2 – 3 – 4 – 5 – 6 – 7 – 8 – 9 – 10 (qualitative Lösung)

* Diese Arbeitsbögen sind online unter https://www.vandenhoeck-ruprecht-verlage.com/mit-fantasie-zur-kooperation abrufbar.

AUSWERTUNGSBOGEN 1: Parameter der Teammitglieder und Qualität der Lösungen*

Runde:

Spalte F: **1** Meinungsführung **2** Kritik/Opposition **3** Moderation **4** Expertise **5** Unterstützung **6** Leitung/Entscheidung **7** »Spaßvögel«

Teammitglied	**A Erster Beitrag**	**B Redebeitrag**	**C Deutung**	**D Idee angenommen**	**E Äußerung zum Gruppengeschehen**	**F Rolle**

G: Qualität der Lösung: 0 (Pseudolösung) – 1 – 2 – 3 – 4 – 5 – 6 – 7 – 8 – 9 – 10 (qualitative Lösung)

* Diese Arbeitsbögen sind online unter https://www.vandenhoeck-ruprecht-verlage.com/mit-fantasie-zur-kooperation abrufbar.

AUSWERTUNGSBOGEN 1: Parameter der Teammitglieder und Qualität der Lösungen*

Runde:

Spalte F: **1** Meinungsführung **2** Kritik/Opposition **3** Moderation **4** Expertise **5** Unterstützung **6** Leitung/Entscheidung **7** »Spaßvögel«

Teammitglied	**A Erster Beitrag**	**B Redebeitrag**	**C Deutung**	**D Idee angenommen**	**E Äußerung zum Gruppengeschehen**	**F Rolle**

G: Qualität der Lösung: 0 (Pseudolösung) – 1 – 2 – 3 – 4 – 5 – 6 – 7 – 8 – 9 – 10 (qualitative Lösung)

* Diese Arbeitsbögen sind online unter https://www.vandenhoeck-ruprecht-verlage.com/mit-fantasie-zur-kooperation abrufbar.

AUSWERTUNGSBOGEN 1: Parameter der Teammitglieder und Qualität der Lösungen*

Runde:

Spalte F: **1** Meinungsführung **2** Kritik/Opposition **3** Moderation **4** Expertise **5** Unterstützung **6** Leitung/Entscheidung **7** »Spaßvögel«

Teammitglied	**A Erster Beitrag**	**B Redebeitrag**	**C Deutung**	**D Idee angenommen**	**E Äußerung zum Gruppengeschehen**	**F Rolle**

G: Qualität der Lösung: 0 (Pseudolösung) – 1 – 2 – 3 – 4 – 5 – 6 – 7 – 8 – 9 – 10 (qualitative Lösung)

* Diese Arbeitsbögen sind online unter https://www.vandenhoeck-ruprecht-verlage.com/mit-fantasie-zur-kooperation abrufbar.

AUSWERTUNGSBOGEN 1: Parameter der Teammitglieder und Qualität der Lösungen*

Runde:

Spalte F: **1** Meinungsführung **2** Kritik/Opposition **3** Moderation **4** Expertise **5** Unterstützung **6** Leitung/Entscheidung **7** »Spaßvögel«

Teammitglied	**A Erster Beitrag**	**B Redebeitrag**	**C Deutung**	**D Idee angenommen**	**E Äußerung zum Gruppengeschehen**	**F Rolle**

G: Qualität der Lösung: 0 (Pseudolösung) – 1 – 2 – 3 – 4 – 5 – 6 – 7 – 8 – 9 – 10 (qualitative Lösung)

* Diese Arbeitsbögen sind online unter https://www.vandenhoeck-ruprecht-verlage.com/mit-fantasie-zur-kooperation abrufbar.

AUSWERTUNGSBOGEN 1: Parameter der Teammitglieder und Qualität der Lösungen*

Runde:

Spalte F: **1** Meinungsführung **2** Kritik/Opposition **3** Moderation **4** Expertise **5** Unterstützung **6** Leitung/Entscheidung **7** »Spaßvögel«

Teammitglied	A Erster Beitrag	B Redebeitrag	C Deutung	D Idee angenommen	E Äußerung zum Gruppengeschehen	F Rolle

G: Qualität der Lösung: 0 (Pseudolösung) – 1 – 2 – 3 – 4 – 5 – 6 – 7 – 8 – 9 – 10 (qualitative Lösung)

* Diese Arbeitsbögen sind online unter https://www.vandenhoeck-ruprecht-verlage.com/mit-fantasie-zur-kooperation abrufbar.

AUSWERTUNGSBOGEN 1: Parameter der Teammitglieder und Qualität der Lösungen*

Runde:

Spalte F: **1** Meinungsführung **2** Kritik/Opposition **3** Moderation **4** Expertise **5** Unterstützung **6** Leitung/Entscheidung **7** »Spaßvögel«

Teammitglied	**A Erster Beitrag**	**B Redebeitrag**	**C Deutung**	**D Idee angenommen**	**E Äußerung zum Gruppengeschehen**	**F Rolle**

G: Qualität der Lösung: 0 (Pseudolösung) – 1 – 2 – 3 – 4 – 5 – 6 – 7 – 8 – 9 – 10 (qualitative Lösung)

* Diese Arbeitsbögen sind online unter https://www.vandenhoeck-ruprecht-verlage.com/mit-fantasie-zur-kooperation abrufbar.

AUSWERTUNGSBOGEN 1: Parameter der Teammitglieder und Qualität der Lösungen*

Runde:

Spalte F: **1** Meinungsführung **2** Kritik/Opposition **3** Moderation **4** Expertise **5** Unterstützung **6** Leitung/Entscheidung **7** »Spaßvögel«

Teammitglied	**A Erster Beitrag**	**B Redebeitrag**	**C Deutung**	**D Idee angenommen**	**E Äußerung zum Gruppengeschehen**	**F Rolle**

G: Qualität der Lösung: 0 (Pseudolösung) – 1 – 2 – 3 – 4 – 5 – 6 – 7 – 8 – 9 – 10 (qualitative Lösung)

* Diese Arbeitsbögen sind online unter https://www.vandenhoeck-ruprecht-verlage.com/mit-fantasie-zur-kooperation abrufbar.

AUSWERTUNGSBOGEN 1: Parameter der Teammitglieder und Qualität der Lösungen*

Runde:

Spalte F: **1** Meinungsführung **2** Kritik/Opposition **3** Moderation **4** Expertise **5** Unterstützung **6** Leitung/Entscheidung **7** »Spaßvögel«

Teammitglied	A Erster Beitrag	B Redebeitrag	C Deutung	D Idee angenommen	E Äußerung zum Gruppengeschehen	F Rolle

G: Qualität der Lösung: 0 (Pseudolösung) – 1 – 2 – 3 – 4 – 5 – 6 – 7 – 8 – 9 – 10 (qualitative Lösung)

* Diese Arbeitsbögen sind online unter https://www.vandenhoeck-ruprecht-verlage.com/mit-fantasie-zur-kooperation abrufbar.

AUSWERTUNGSBOGEN 1: Parameter der Teammitglieder und Qualität der Lösungen*

Runde:

Spalte F: **1** Meinungsführung **2** Kritik/Opposition **3** Moderation **4** Expertise **5** Unterstützung **6** Leitung/Entscheidung **7** »Spaßvögel«

Teammitglied	A Erster Beitrag	B Redebeitrag	C Deutung	D Idee angenommen	E Äußerung zum Gruppengeschehen	F Rolle

G: Qualität der Lösung: 0 (Pseudolösung) – 1 – 2 – 3 – 4 – 5 – 6 – 7 – 8 – 9 – 10 (qualitative Lösung)

* Diese Arbeitsbögen sind online unter https://www.vandenhoeck-ruprecht-verlage.com/mit-fantasie-zur-kooperation abrufbar.

AUSWERTUNGSBOGEN 1: Parameter der Teammitglieder und Qualität der Lösungen*

Runde:

Spalte F: **1** Meinungsführung **2** Kritik/Opposition **3** Moderation **4** Expertise **5** Unterstützung **6** Leitung/Entscheidung **7** »Spaßvögel«

Teammitglied	A Erster Beitrag	B Redebeitrag	C Deutung	D Idee angenommen	E Äußerung zum Gruppengeschehen	F Rolle

G: Qualität der Lösung: 0 (Pseudolösung) – 1 – 2 – 3 – 4 – 5 – 6 – 7 – 8 – 9 – 10 (qualitative Lösung)

* Diese Arbeitsbögen sind online unter https://www.vandenhoeck-ruprecht-verlage.com/mit-fantasie-zur-kooperation abrufbar.

AUSWERTUNGSBOGEN 1: Parameter der Teammitglieder und Qualität der Lösungen*

Runde:

Spalte F: **1** Meinungsführung **2** Kritik/Opposition **3** Moderation **4** Expertise **5** Unterstützung **6** Leitung/Entscheidung **7** »Spaßvögel«

Teammitglied	A Erster Beitrag	B Redebeitrag	C Deutung	D Idee angenommen	E Äußerung zum Gruppengeschehen	F Rolle

G: Qualität der Lösung: 0 (Pseudolösung) – 1 – 2 – 3 – 4 – 5 – 6 – 7 – 8 – 9 – 10 (qualitative Lösung)

* Diese Arbeitsbögen sind online unter https://www.vandenhoeck-ruprecht-verlage.com/mit-fantasie-zur-kooperation abrufbar.

AUSWERTUNGSBOGEN 1: Parameter der Teammitglieder und Qualität der Lösungen*

Runde:

Spalte F: **1** Meinungsführung **2** Kritik/Opposition **3** Moderation **4** Expertise **5** Unterstützung **6** Leitung/Entscheidung **7** »Spaßvögel«

Teammitglied	A Erster Beitrag	B Redebeitrag	C Deutung	D Idee angenommen	E Äußerung zum Gruppengeschehen	F Rolle

G: Qualität der Lösung: 0 (Pseudolösung) – 1 – 2 – 3 – 4 – 5 – 6 – 7 – 8 – 9 – 10 (qualitative Lösung)

* Diese Arbeitsbögen sind online unter https://www.vandenhoeck-ruprecht-verlage.com/mit-fantasie-zur-kooperation abrufbar.

AUSWERTUNGSBOGEN 1: Parameter der Teammitglieder und Qualität der Lösungen*

Runde:

Spalte F: **1** Meinungsführung **2** Kritik/Opposition **3** Moderation **4** Expertise **5** Unterstützung **6** Leitung/Entscheidung **7** »Spaßvögel«

Teammitglied	**A Erster Beitrag**	**B Redebeitrag**	**C Deutung**	**D Idee angenommen**	**E Äußerung zum Gruppengeschehen**	**F Rolle**

G: Qualität der Lösung: 0 (Pseudolösung) – 1 – 2 – 3 – 4 – 5 – 6 – 7 – 8 – 9 – 10 (qualitative Lösung)

* Diese Arbeitsbögen sind online unter https://www.vandenhoeck-ruprecht-verlage.com/mit-fantasie-zur-kooperation abrufbar.

AUSWERTUNGSBOGEN 1: Parameter der Teammitglieder und Qualität der Lösungen*

Runde:

Spalte F: **1** Meinungsführung **2** Kritik/Opposition **3** Moderation **4** Expertise **5** Unterstützung **6** Leitung/Entscheidung **7** »Spaßvögel«

Teammitglied	A Erster Beitrag	B Redebeitrag	C Deutung	D Idee angenommen	E Äußerung zum Gruppengeschehen	F Rolle

G: Qualität der Lösung: 0 (Pseudolösung) – 1 – 2 – 3 – 4 – 5 – 6 – 7 – 8 – 9 – 10 (qualitative Lösung)

* Diese Arbeitsbögen sind online unter https://www.vandenhoeck-ruprecht-verlage.com/mit-fantasie-zur-kooperation abrufbar.

AUSWERTUNGSBOGEN 1: Parameter der Teammitglieder und Qualität der Lösungen*

Runde:

Spalte F: **1** Meinungsführung **2** Kritik/Opposition **3** Moderation **4** Expertise **5** Unterstützung **6** Leitung/Entscheidung **7** »Spaßvögel«

Teammitglied	**A Erster Beitrag**	**B Redebeitrag**	**C Deutung**	**D Idee angenommen**	**E Äußerung zum Gruppengeschehen**	**F Rolle**

G: Qualität der Lösung: 0 (Pseudolösung) – 1 – 2 – 3 – 4 – 5 – 6 – 7 – 8 – 9 – 10 (qualitative Lösung)

* Diese Arbeitsbögen sind online unter https://www.vandenhoeck-ruprecht-verlage.com/mit-fantasie-zur-kooperation abrufbar.

AUSWERTUNGSBOGEN 1: Parameter der Teammitglieder und Qualität der Lösungen*

Runde:

Spalte F: **1** Meinungsführung **2** Kritik/Opposition **3** Moderation **4** Expertise **5** Unterstützung **6** Leitung/Entscheidung **7** »Spaßvögel«

Teammitglied	A Erster Beitrag	B Redebeitrag	C Deutung	D Idee angenommen	E Äußerung zum Gruppengeschehen	F Rolle

G: Qualität der Lösung: 0 (Pseudolösung) – 1 – 2 – 3 – 4 – 5 – 6 – 7 – 8 – 9 – 10 (qualitative Lösung)

* Diese Arbeitsbögen sind online unter https://www.vandenhoeck-ruprecht-verlage.com/mit-fantasie-zur-kooperation abrufbar.

AUSWERTUNGSBOGEN 1: Parameter der Teammitglieder und Qualität der Lösungen*

Runde:

Spalte F: **1** Meinungsführung **2** Kritik/Opposition **3** Moderation **4** Expertise **5** Unterstützung **6** Leitung/Entscheidung **7** »Spaßvögel«

Teammitglied	**A Erster Beitrag**	**B Redebeitrag**	**C Deutung**	**D Idee angenommen**	**E Äußerung zum Gruppengeschehen**	**F Rolle**

G: Qualität der Lösung: 0 (Pseudolösung) – 1 – 2 – 3 – 4 – 5 – 6 – 7 – 8 – 9 – 10 (qualitative Lösung)

* Diese Arbeitsbögen sind online unter https://www.vandenhoeck-ruprecht-verlage.com/mit-fantasie-zur-kooperation abrufbar.

AUSWERTUNGSBOGEN 1: Parameter der Teammitglieder und Qualität der Lösungen*

Runde:

Spalte F: **1** Meinungsführung **2** Kritik/Opposition **3** Moderation **4** Expertise **5** Unterstützung **6** Leitung/Entscheidung **7** »Spaßvögel«

Teammitglied	**A Erster Beitrag**	**B Redebeitrag**	**C Deutung**	**D Idee angenommen**	**E Äußerung zum Gruppengeschehen**	**F Rolle**

G: Qualität der Lösung: 0 (Pseudolösung) – 1 – 2 – 3 – 4 – 5 – 6 – 7 – 8 – 9 – 10 (qualitative Lösung)

* Diese Arbeitsbögen sind online unter https://www.vandenhoeck-ruprecht-verlage.com/mit-fantasie-zur-kooperation abrufbar.

AUSWERTUNGSBOGEN 1: Parameter der Teammitglieder und Qualität der Lösungen*

Runde:

Spalte F: **1** Meinungsführung **2** Kritik/Opposition **3** Moderation **4** Expertise **5** Unterstützung **6** Leitung/Entscheidung **7** »Spaßvögel«

Teammitglied	A Erster Beitrag	B Redebeitrag	C Deutung	D Idee angenommen	E Äußerung zum Gruppengeschehen	F Rolle

G: Qualität der Lösung: 0 (Pseudolösung) – 1 – 2 – 3 – 4 – 5 – 6 – 7 – 8 – 9 – 10 (qualitative Lösung)

* Diese Arbeitsbögen sind online unter https://www.vandenhoeck-ruprecht-verlage.com/mit-fantasie-zur-kooperation abrufbar.

AUSWERTUNGSBOGEN 1: Parameter der Teammitglieder und Qualität der Lösungen*

Runde:

Spalte F: **1** Meinungsführung **2** Kritik/Opposition **3** Moderation **4** Expertise **5** Unterstützung **6** Leitung/Entscheidung **7** »Spaßvögel«

Teammitglied	A Erster Beitrag	B Redebeitrag	C Deutung	D Idee angenommen	E Äußerung zum Gruppengeschehen	F Rolle

G: Qualität der Lösung: 0 (Pseudolösung) – 1 – 2 – 3 – 4 – 5 – 6 – 7 – 8 – 9 – 10 (qualitative Lösung)

* Diese Arbeitsbögen sind online unter https://www.vandenhoeck-ruprecht-verlage.com/mit-fantasie-zur-kooperation abrufbar.

AUSWERTUNGSBOGEN 1: Parameter der Teammitglieder und Qualität der Lösungen*

Runde:

Spalte F: **1** Meinungsführung **2** Kritik/Opposition **3** Moderation **4** Expertise **5** Unterstützung **6** Leitung/Entscheidung **7** »Spaßvögel«

Teammitglied	**A Erster Beitrag**	**B Redebeitrag**	**C Deutung**	**D Idee angenommen**	**E Äußerung zum Gruppengeschehen**	**F Rolle**

G: Qualität der Lösung: 0 (Pseudolösung) – 1 – 2 – 3 – 4 – 5 – 6 – 7 – 8 – 9 – 10 (qualitative Lösung)

* Diese Arbeitsbögen sind online unter https://www.vandenhoeck-ruprecht-verlage.com/mit-fantasie-zur-kooperation abrufbar.

AUSWERTUNGSBOGEN 1: Parameter der Teammitglieder und Qualität der Lösungen*

Runde:

Spalte F: **1** Meinungsführung **2** Kritik/Opposition **3** Moderation **4** Expertise **5** Unterstützung **6** Leitung/Entscheidung **7** »Spaßvögel«

Teammitglied	A Erster Beitrag	B Redebeitrag	C Deutung	D Idee angenommen	E Äußerung zum Gruppengeschehen	F Rolle

G: Qualität der Lösung: 0 (Pseudolösung) – 1 – 2 – 3 – 4 – 5 – 6 – 7 – 8 – 9 – 10 (qualitative Lösung)

* Diese Arbeitsbögen sind online unter https://www.vandenhoeck-ruprecht-verlage.com/mit-fantasie-zur-kooperation abrufbar.

AUSWERTUNGSBOGEN 1: Parameter der Teammitglieder und Qualität der Lösungen*

Runde:

Spalte F: **1** Meinungsführung **2** Kritik/Opposition **3** Moderation **4** Expertise **5** Unterstützung **6** Leitung/Entscheidung **7** »Spaßvögel«

Teammitglied	**A Erster Beitrag**	**B Redebeitrag**	**C Deutung**	**D Idee angenommen**	**E Äußerung zum Gruppengeschehen**	**F Rolle**

G: Qualität der Lösung: 0 (Pseudolösung) – 1 – 2 – 3 – 4 – 5 – 6 – 7 – 8 – 9 – 10 (qualitative Lösung)

* Diese Arbeitsbögen sind online unter https://www.vandenhoeck-ruprecht-verlage.com/mit-fantasie-zur-kooperation abrufbar.

AUSWERTUNGSBOGEN 1: Parameter der Teammitglieder und Qualität der Lösungen*

Runde:

Spalte F: **1** Meinungsführung **2** Kritik/Opposition **3** Moderation **4** Expertise **5** Unterstützung **6** Leitung/Entscheidung **7** »Spaßvögel«

Teammitglied	A Erster Beitrag	B Redebeitrag	C Deutung	D Idee angenommen	E Äußerung zum Gruppengeschehen	F Rolle

G: Qualität der Lösung: 0 (Pseudolösung) – 1 – 2 – 3 – 4 – 5 – 6 – 7 – 8 – 9 – 10 (qualitative Lösung)

* Diese Arbeitsbögen sind online unter https://www.vandenhoeck-ruprecht-verlage.com/mit-fantasie-zur-kooperation abrufbar.

AUSWERTUNGSBOGEN 1: Parameter der Teammitglieder und Qualität der Lösungen*

Runde:

Spalte F: **1** Meinungsführung **2** Kritik/Opposition **3** Moderation **4** Expertise **5** Unterstützung **6** Leitung/Entscheidung **7** »Spaßvögel«

Teammitglied	A Erster Beitrag	B Redebeitrag	C Deutung	D Idee angenommen	E Äußerung zum Gruppengeschehen	F Rolle

G: Qualität der Lösung: 0 (Pseudolösung) – 1 – 2 – 3 – 4 – 5 – 6 – 7 – 8 – 9 – 10 (qualitative Lösung)

* Diese Arbeitsbögen sind online unter https://www.vandenhoeck-ruprecht-verlage.com/mit-fantasie-zur-kooperation abrufbar.

AUSWERTUNGSBOGEN 1: Parameter der Teammitglieder und Qualität der Lösungen*

Runde:

Spalte F: **1** Meinungsführung **2** Kritik/Opposition **3** Moderation **4** Expertise **5** Unterstützung **6** Leitung/Entscheidung **7** »Spaßvögel«

Teammitglied	A Erster Beitrag	B Redebeitrag	C Deutung	D Idee angenommen	E Äußerung zum Gruppengeschehen	F Rolle

G: Qualität der Lösung: 0 (Pseudolösung) – 1 – 2 – 3 – 4 – 5 – 6 – 7 – 8 – 9 – 10 (qualitative Lösung)

* Diese Arbeitsbögen sind online unter https://www.vandenhoeck-ruprecht-verlage.com/mit-fantasie-zur-kooperation abrufbar.

AUSWERTUNGSBOGEN 1: Parameter der Teammitglieder und Qualität der Lösungen*

Runde:

Spalte F: **1** Meinungsführung **2** Kritik/Opposition **3** Moderation **4** Expertise **5** Unterstützung **6** Leitung/Entscheidung **7** »Spaßvögel«

Teammitglied	A Erster Beitrag	B Redebeitrag	C Deutung	D Idee angenommen	E Äußerung zum Gruppengeschehen	F Rolle

G: Qualität der Lösung: 0 (Pseudolösung) – 1 – 2 – 3 – 4 – 5 – 6 – 7 – 8 – 9 – 10 (qualitative Lösung)

* Diese Arbeitsbögen sind online unter https://www.vandenhoeck-ruprecht-verlage.com/mit-fantasie-zur-kooperation abrufbar.

AUSWERTUNGSBOGEN 2: Einschätzung pro Teammitglied für den gesamten Spielverlauf*

Bewertung nach einer Skala von 0 bis 10

Teammitglied	A Ideen	B Kritik	C Moderation	D Argumente/ Expertise	E Empathie	F Konflikt	G Leitung	H Humor

* Diese Arbeitsbögen sind online unter https://www.vandenhoeck-ruprecht-verlage.com/mit-fantasie-zur-kooperation abrufbar.

AUSWERTUNGSBOGEN 2: Einschätzung pro Teammitglied für den gesamten Spielverlauf*

Bewertung nach einer Skala von 0 bis 10

Teammitglied	A Ideen	B Kritik	C Moderation	D Argumente/ Expertise	E Empathie	F Konflikt	G Leitung	H Humor

* Diese Arbeitsbögen sind online unter https://www.vandenhoeck-ruprecht-verlage.com/mit-fantasie-zur-kooperation abrufbar.

AUSWERTUNGSBOGEN 2: Einschätzung pro Teammitglied für den gesamten Spielverlauf*

Bewertung nach einer Skala von 0 bis 10

Teammitglied	A Ideen	B Kritik	C Moderation	D Argumente/ Expertise	E Empathie	F Konflikt	G Leitung	H Humor

* Diese Arbeitsbögen sind online unter https://www.vandenhoeck-ruprecht-verlage.com/mit-fantasie-zur-kooperation abrufbar.

AUSWERTUNGSBOGEN 2: Einschätzung pro Teammitglied für den gesamten Spielverlauf*

Bewertung nach einer Skala von 0 bis 10

Teammitglied	A Ideen	B Kritik	C Moderation	D Argumente/ Expertise	E Empathie	F Konflikt	G Leitung	H Humor

* Diese Arbeitsbögen sind online unter https://www.vandenhoeck-ruprecht-verlage.com/mit-fantasie-zur-kooperation abrufbar.

AUSWERTUNGSBOGEN 2: Einschätzung pro Teammitglied für den gesamten Spielverlauf*

Bewertung nach einer Skala von 0 bis 10

Teammitglied	A Ideen	B Kritik	C Moderation	D Argumente/ Expertise	E Empathie	F Konflikt	G Leitung	H Humor

* Diese Arbeitsbögen sind online unter https://www.vandenhoeck-ruprecht-verlage.com/mit-fantasie-zur-kooperation abrufbar.

AUSWERTUNGSBOGEN 2: Einschätzung pro Teammitglied für den gesamten Spielverlauf*

Bewertung nach einer Skala von 0 bis 10

Teammitglied	A Ideen	B Kritik	C Moderation	D Argumente/ Expertise	E Empathie	F Konflikt	G Leitung	H Humor

* Diese Arbeitsbögen sind online unter https://www.vandenhoeck-ruprecht-verlage.com/mit-fantasie-zur-kooperation abrufbar.

AUSWERTUNGSBOGEN 2: Einschätzung pro Teammitglied für den gesamten Spielverlauf*

Bewertung nach einer Skala von 0 bis 10

Teammitglied	A Ideen	B Kritik	C Moderation	D Argumente/ Expertise	E Empathie	F Konflikt	G Leitung	H Humor

* Diese Arbeitsbögen sind online unter https://www.vandenhoeck-ruprecht-verlage.com/mit-fantasie-zur-kooperation abrufbar.

AUSWERTUNGSBOGEN 2: Einschätzung pro Teammitglied für den gesamten Spielverlauf*

Bewertung nach einer Skala von 0 bis 10

Teammitglied	A Ideen	B Kritik	C Moderation	D Argumente/ Expertise	E Empathie	F Konflikt	G Leitung	H Humor

* Diese Arbeitsbögen sind online unter https://www.vandenhoeck-ruprecht-verlage.com/mit-fantasie-zur-kooperation abrufbar.

AUSWERTUNGSBOGEN 2: Einschätzung pro Teammitglied für den gesamten Spielverlauf*

Bewertung nach einer Skala von 0 bis 10

Teammitglied	A Ideen	B Kritik	C Moderation	D Argumente/ Expertise	E Empathie	F Konflikt	G Leitung	H Humor

* Diese Arbeitsbögen sind online unter https://www.vandenhoeck-ruprecht-verlage.com/mit-fantasie-zur-kooperation abrufbar.

AUSWERTUNGSBOGEN 2: Einschätzung pro Teammitglied für den gesamten Spielverlauf*

Bewertung nach einer Skala von 0 bis 10

Teammitglied	A Ideen	B Kritik	C Moderation	D Argumente/ Expertise	E Empathie	F Konflikt	G Leitung	H Humor

* Diese Arbeitsbögen sind online unter https://www.vandenhoeck-ruprecht-verlage.com/mit-fantasie-zur-kooperation abrufbar.

AUSWERTUNGSBOGEN 2: Einschätzung pro Teammitglied für den gesamten Spielverlauf*

Bewertung nach einer Skala von 0 bis 10

Teammitglied	A Ideen	B Kritik	C Moderation	D Argumente/ Expertise	E Empathie	F Konflikt	G Leitung	H Humor

* Diese Arbeitsbögen sind online unter https://www.vandenhoeck-ruprecht-verlage.com/mit-fantasie-zur-kooperation abrufbar.

AUSWERTUNGSBOGEN 2: Einschätzung pro Teammitglied für den gesamten Spielverlauf*

Bewertung nach einer Skala von 0 bis 10

Teammitglied	A Ideen	B Kritik	C Moderation	D Argumente/ Expertise	E Empathie	F Konflikt	G Leitung	H Humor

* Diese Arbeitsbögen sind online unter https://www.vandenhoeck-ruprecht-verlage.com/mit-fantasie-zur-kooperation abrufbar.

AUSWERTUNGSBOGEN 2: Einschätzung pro Teammitglied für den gesamten Spielverlauf*

Bewertung nach einer Skala von 0 bis 10

Teammitglied	A Ideen	B Kritik	C Moderation	D Argumente/ Expertise	E Empathie	F Konflikt	G Leitung	H Humor

* Diese Arbeitsbögen sind online unter https://www.vandenhoeck-ruprecht-verlage.com/mit-fantasie-zur-kooperation abrufbar.

AUSWERTUNGSBOGEN 2: Einschätzung pro Teammitglied für den gesamten Spielverlauf*

Bewertung nach einer Skala von 0 bis 10

Teammitglied	A Ideen	B Kritik	C Moderation	D Argumente/ Expertise	E Empathie	F Konflikt	G Leitung	H Humor

* Diese Arbeitsbögen sind online unter https://www.vandenhoeck-ruprecht-verlage.com/mit-fantasie-zur-kooperation abrufbar.

AUSWERTUNGSBOGEN 2: Einschätzung pro Teammitglied für den gesamten Spielverlauf*

Bewertung nach einer Skala von 0 bis 10

Teammitglied	A Ideen	B Kritik	C Moderation	D Argumente/ Expertise	E Empathie	F Konflikt	G Leitung	H Humor

* Diese Arbeitsbögen sind online unter https://www.vandenhoeck-ruprecht-verlage.com/mit-fantasie-zur-kooperation abrufbar.

AUSWERTUNGSBOGEN 2: Einschätzung pro Teammitglied für den gesamten Spielverlauf*

Bewertung nach einer Skala von 0 bis 10

Teammitglied	A Ideen	B Kritik	C Moderation	D Argumente/ Expertise	E Empathie	F Konflikt	G Leitung	H Humor

* Diese Arbeitsbögen sind online unter https://www.vandenhoeck-ruprecht-verlage.com/mit-fantasie-zur-kooperation abrufbar.

AUSWERTUNGSBOGEN 2: Einschätzung pro Teammitglied für den gesamten Spielverlauf*

Bewertung nach einer Skala von 0 bis 10

Teammitglied	A Ideen	B Kritik	C Moderation	D Argumente/ Expertise	E Empathie	F Konflikt	G Leitung	H Humor

* Diese Arbeitsbögen sind online unter https://www.vandenhoeck-ruprecht-verlage.com/mit-fantasie-zur-kooperation abrufbar.

AUSWERTUNGSBOGEN 2: Einschätzung pro Teammitglied für den gesamten Spielverlauf*

Bewertung nach einer Skala von 0 bis 10

Teammitglied	A Ideen	B Kritik	C Moderation	D Argumente/ Expertise	E Empathie	F Konflikt	G Leitung	H Humor

* Diese Arbeitsbögen sind online unter https://www.vandenhoeck-ruprecht-verlage.com/mit-fantasie-zur-kooperation abrufbar.

AUSWERTUNGSBOGEN 2: Einschätzung pro Teammitglied für den gesamten Spielverlauf*

Bewertung nach einer Skala von 0 bis 10

Teammitglied	A Ideen	B Kritik	C Moderation	D Argumente/ Expertise	E Empathie	F Konflikt	G Leitung	H Humor

* Diese Arbeitsbögen sind online unter https://www.vandenhoeck-ruprecht-verlage.com/mit-fantasie-zur-kooperation abrufbar.

AUSWERTUNGSBOGEN 2: Einschätzung pro Teammitglied für den gesamten Spielverlauf*

Bewertung nach einer Skala von 0 bis 10

Teammitglied	A Ideen	B Kritik	C Moderation	D Argumente/ Expertise	E Empathie	F Konflikt	G Leitung	H Humor

* Diese Arbeitsbögen sind online unter https://www.vandenhoeck-ruprecht-verlage.com/mit-fantasie-zur-kooperation abrufbar.

AUSWERTUNGSBOGEN 2: Einschätzung pro Teammitglied für den gesamten Spielverlauf*

Bewertung nach einer Skala von 0 bis 10

Teammitglied	A Ideen	B Kritik	C Moderation	D Argumente/ Expertise	E Empathie	F Konflikt	G Leitung	H Humor

* Diese Arbeitsbögen sind online unter https://www.vandenhoeck-ruprecht-verlage.com/mit-fantasie-zur-kooperation abrufbar.

AUSWERTUNGSBOGEN 2: Einschätzung pro Teammitglied für den gesamten Spielverlauf*

Bewertung nach einer Skala von 0 bis 10

Teammitglied	A Ideen	B Kritik	C Moderation	D Argumente/ Expertise	E Empathie	F Konflikt	G Leitung	H Humor

* Diese Arbeitsbögen sind online unter https://www.vandenhoeck-ruprecht-verlage.com/mit-fantasie-zur-kooperation abrufbar.

AUSWERTUNGSBOGEN 2: Einschätzung pro Teammitglied für den gesamten Spielverlauf*

Bewertung nach einer Skala von 0 bis 10

Teammitglied	A Ideen	B Kritik	C Moderation	D Argumente/ Expertise	E Empathie	F Konflikt	G Leitung	H Humor

* Diese Arbeitsbögen sind online unter https://www.vandenhoeck-ruprecht-verlage.com/mit-fantasie-zur-kooperation abrufbar.

AUSWERTUNGSBOGEN 2: Einschätzung pro Teammitglied für den gesamten Spielverlauf*

Bewertung nach einer Skala von 0 bis 10

Teammitglied	A Ideen	B Kritik	C Moderation	D Argumente/ Expertise	E Empathie	F Konflikt	G Leitung	H Humor

* Diese Arbeitsbögen sind online unter https://www.vandenhoeck-ruprecht-verlage.com/mit-fantasie-zur-kooperation abrufbar.

AUSWERTUNGSBOGEN 2: Einschätzung pro Teammitglied für den gesamten Spielverlauf*

Bewertung nach einer Skala von 0 bis 10

Teammitglied	A Ideen	B Kritik	C Moderation	D Argumente/ Expertise	E Empathie	F Konflikt	G Leitung	H Humor

* Diese Arbeitsbögen sind online unter https://www.vandenhoeck-ruprecht-verlage.com/mit-fantasie-zur-kooperation abrufbar.

AUSWERTUNGSBOGEN 2: Einschätzung pro Teammitglied für den gesamten Spielverlauf*

Bewertung nach einer Skala von 0 bis 10

Teammitglied	A Ideen	B Kritik	C Moderation	D Argumente/ Expertise	E Empathie	F Konflikt	G Leitung	H Humor

* Diese Arbeitsbögen sind online unter https://www.vandenhoeck-ruprecht-verlage.com/mit-fantasie-zur-kooperation abrufbar.

AUSWERTUNGSBOGEN 2: Einschätzung pro Teammitglied für den gesamten Spielverlauf*

Bewertung nach einer Skala von 0 bis 10

Teammitglied	A Ideen	B Kritik	C Moderation	D Argumente/ Expertise	E Empathie	F Konflikt	G Leitung	H Humor

* Diese Arbeitsbögen sind online unter https://www.vandenhoeck-ruprecht-verlage.com/mit-fantasie-zur-kooperation abrufbar.

AUSWERTUNGSBOGEN 2: Einschätzung pro Teammitglied für den gesamten Spielverlauf*

Bewertung nach einer Skala von 0 bis 10

Teammitglied	A Ideen	B Kritik	C Moderation	D Argumente/ Expertise	E Empathie	F Konflikt	G Leitung	H Humor

* Diese Arbeitsbögen sind online unter https://www.vandenhoeck-ruprecht-verlage.com/mit-fantasie-zur-kooperation abrufbar.

AUSWERTUNGSBOGEN 2: Einschätzung pro Teammitglied für den gesamten Spielverlauf*

Bewertung nach einer Skala von 0 bis 10

Teammitglied	A Ideen	B Kritik	C Moderation	D Argumente/ Expertise	E Empathie	F Konflikt	G Leitung	H Humor

* Diese Arbeitsbögen sind online unter https://www.vandenhoeck-ruprecht-verlage.com/mit-fantasie-zur-kooperation abrufbar.

AUSWERTUNGSBOGEN 2: Einschätzung pro Teammitglied für den gesamten Spielverlauf*

Bewertung nach einer Skala von 0 bis 10

Teammitglied	A Ideen	B Kritik	C Moderation	D Argumente/ Expertise	E Empathie	F Konflikt	G Leitung	H Humor

* Diese Arbeitsbögen sind online unter https://www.vandenhoeck-ruprecht-verlage.com/mit-fantasie-zur-kooperation abrufbar.

AUSWERTUNGSBOGEN 3: Selbsteinschätzung der Teilnehmenden*

Bitte kreuzen Sie möglichst bei jedem Satz an, wie stark dieser nach Ihrer eigenen Einschätzung auf Ihr Verhalten und Ihre Einstellungen in Teamsitzungen zutrifft. Ergänzen Sie diese Tabelle bei Bedarf durch eigene Sätze.

	Trifft zu	**Trifft meistens zu**	**Trifft manchmal zu**	**Trifft nicht zu**
Es ist wichtiger, anderen zuzuhören, als selbst etwas zu sagen.				
Gerne übernehme ich die Moderationsrolle.				
Gerne mache ich einen Witz, um das Gespräch aufzulockern.				
Meine Meinung kann ich gut vertreten.				
Ich sage, was ich denke, auch wenn es anderen nicht passt.				
Wenn ich etwas sage, habe ich fundiertes Wissen hierüber.				
Ich höre lieber zu und beobachte.				
Das soziale Miteinander ist mir am wichtigsten.				
Ich mag es, wenn die Stimmung harmonisch ist.				
In jedem Gespräch ist eine Gesprächsleitung nötig.				
Ich habe oft eine andere Meinung als meine Kolleginnen und Kollegen.				
Ich fühle mich in der Leitungsrolle sehr wohl.				
Mir ist es wichtig, dass Getränke und Snacks auf dem Tisch stehen.				
Mir ist egal, was andere von mir denken.				
Hauptsache, den anderen geht es gut.				
Ich muss mir Mühe geben, gehört zu werden.				
Es ist wichtig, kritische Fragen zu stellen und nicht nur alles abzunicken.				

Was glauben Sie, welcher dieser Begriffe trifft am meisten auf Sie zu? Kreuzen Sie an.

In Teamsitzungen bin ich meistens der/die:

- ☐ Ideengeber:in,
- ☐ Kritiker:in,
- ☐ Opposition,
- ☐ Moderator:in,
- ☐ Expert:in,
- ☐ Leitung/Entscheider:in,
- ☐ Unterstützer:in,
- ☐ Spaßvogel,
- ☐ sozial Fürsorgliche,
- ☐ der/die ____________

* Diese Arbeitsbögen sind online unter https://www.vandenhoeck-ruprecht-verlage.com/mit-fantasie-zur-kooperation abrufbar.

AUSWERTUNGSBOGEN 3: Selbsteinschätzung der Teilnehmenden*

Bitte kreuzen Sie möglichst bei jedem Satz an, wie stark dieser nach Ihrer eigenen Einschätzung auf Ihr Verhalten und Ihre Einstellungen in Teamsitzungen zutrifft. Ergänzen Sie diese Tabelle bei Bedarf durch eigene Sätze.

	Trifft zu	Trifft meistens zu	Trifft manchmal zu	Trifft nicht zu
Es ist wichtiger, anderen zuzuhören, als selbst etwas zu sagen.				
Gerne übernehme ich die Moderationsrolle.				
Gerne mache ich einen Witz, um das Gespräch aufzulockern.				
Meine Meinung kann ich gut vertreten.				
Ich sage, was ich denke, auch wenn es anderen nicht passt.				
Wenn ich etwas sage, habe ich fundiertes Wissen hierüber.				
Ich höre lieber zu und beobachte.				
Das soziale Miteinander ist mir am wichtigsten.				
Ich mag es, wenn die Stimmung harmonisch ist.				
In jedem Gespräch ist eine Gesprächsleitung nötig.				
Ich habe oft eine andere Meinung als meine Kolleginnen und Kollegen.				
Ich fühle mich in der Leitungsrolle sehr wohl.				
Mir ist es wichtig, dass Getränke und Snacks auf dem Tisch stehen.				
Mir ist egal, was andere von mir denken.				
Hauptsache, den anderen geht es gut.				
Ich muss mir Mühe geben, gehört zu werden.				
Es ist wichtig, kritische Fragen zu stellen und nicht nur alles abzunicken.				

Was glauben Sie, welcher dieser Begriffe trifft am meisten auf Sie zu? Kreuzen Sie an.

In Teamsitzungen bin ich meistens der/die:

- ☐ Ideengeber:in,
- ☐ Kritiker:in,
- ☐ Opposition,
- ☐ Moderator:in,
- ☐ Expert:in,
- ☐ Leitung/Entscheider:in,
- ☐ Unterstützer:in,
- ☐ Spaßvogel,
- ☐ sozial Fürsorgliche,
- ☐ der/die ____________

* Diese Arbeitsbögen sind online unter https://www.vandenhoeck-ruprecht-verlage.com/mit-fantasie-zur-kooperation abrufbar.

AUSWERTUNGSBOGEN 3: Selbsteinschätzung der Teilnehmenden*

Bitte kreuzen Sie möglichst bei jedem Satz an, wie stark dieser nach Ihrer eigenen Einschätzung auf Ihr Verhalten und Ihre Einstellungen in Teamsitzungen zutrifft. Ergänzen Sie diese Tabelle bei Bedarf durch eigene Sätze.

	Trifft zu	**Trifft meistens zu**	**Trifft manchmal zu**	**Trifft nicht zu**
Es ist wichtiger, anderen zuzuhören, als selbst etwas zu sagen.				
Gerne übernehme ich die Moderationsrolle.				
Gerne mache ich einen Witz, um das Gespräch aufzulockern.				
Meine Meinung kann ich gut vertreten.				
Ich sage, was ich denke, auch wenn es anderen nicht passt.				
Wenn ich etwas sage, habe ich fundiertes Wissen hierüber.				
Ich höre lieber zu und beobachte.				
Das soziale Miteinander ist mir am wichtigsten.				
Ich mag es, wenn die Stimmung harmonisch ist.				
In jedem Gespräch ist eine Gesprächsleitung nötig.				
Ich habe oft eine andere Meinung als meine Kolleginnen und Kollegen.				
Ich fühle mich in der Leitungsrolle sehr wohl.				
Mir ist es wichtig, dass Getränke und Snacks auf dem Tisch stehen.				
Mir ist egal, was andere von mir denken.				
Hauptsache, den anderen geht es gut.				
Ich muss mir Mühe geben, gehört zu werden.				
Es ist wichtig, kritische Fragen zu stellen und nicht nur alles abzunicken.				

Was glauben Sie, welcher dieser Begriffe trifft am meisten auf Sie zu? Kreuzen Sie an.

In Teamsitzungen bin ich meistens der/die:

- ☐ Ideengeber:in,
- ☐ Kritiker:in,
- ☐ Opposition,
- ☐ Moderator:in,
- ☐ Expert:in,
- ☐ Leitung/Entscheider:in,
- ☐ Unterstützer:in,
- ☐ Spaßvogel,
- ☐ sozial Fürsorgliche,
- ☐ der/die ____________

* Diese Arbeitsbögen sind online unter https://www.vandenhoeck-ruprecht-verlage.com/mit-fantasie-zur-kooperation abrufbar.

AUSWERTUNGSBOGEN 3: Selbsteinschätzung der Teilnehmenden*

Bitte kreuzen Sie möglichst bei jedem Satz an, wie stark dieser nach Ihrer eigenen Einschätzung auf Ihr Verhalten und Ihre Einstellungen in Teamsitzungen zutrifft. Ergänzen Sie diese Tabelle bei Bedarf durch eigene Sätze.

	Trifft zu	Trifft meistens zu	Trifft manchmal zu	Trifft nicht zu
Es ist wichtiger, anderen zuzuhören, als selbst etwas zu sagen.				
Gerne übernehme ich die Moderationsrolle.				
Gerne mache ich einen Witz, um das Gespräch aufzulockern.				
Meine Meinung kann ich gut vertreten.				
Ich sage, was ich denke, auch wenn es anderen nicht passt.				
Wenn ich etwas sage, habe ich fundiertes Wissen hierüber.				
Ich höre lieber zu und beobachte.				
Das soziale Miteinander ist mir am wichtigsten.				
Ich mag es, wenn die Stimmung harmonisch ist.				
In jedem Gespräch ist eine Gesprächsleitung nötig.				
Ich habe oft eine andere Meinung als meine Kolleginnen und Kollegen.				
Ich fühle mich in der Leitungsrolle sehr wohl.				
Mir ist es wichtig, dass Getränke und Snacks auf dem Tisch stehen.				
Mir ist egal, was andere von mir denken.				
Hauptsache, den anderen geht es gut.				
Ich muss mir Mühe geben, gehört zu werden.				
Es ist wichtig, kritische Fragen zu stellen und nicht nur alles abzunicken.				

Was glauben Sie, welcher dieser Begriffe trifft am meisten auf Sie zu? Kreuzen Sie an.

In Teamsitzungen bin ich meistens der/die:

- ☐ Ideengeber:in,
- ☐ Kritiker:in,
- ☐ Opposition,
- ☐ Moderator:in,
- ☐ Expert:in,
- ☐ Leitung/Entscheider:in,
- ☐ Unterstützer:in,
- ☐ Spaßvogel,
- ☐ sozial Fürsorgliche,
- ☐ der/die ____________

* Diese Arbeitsbögen sind online unter https://www.vandenhoeck-ruprecht-verlage.com/mit-fantasie-zur-kooperation abrufbar.

AUSWERTUNGSBOGEN 3: Selbsteinschätzung der Teilnehmenden*

Bitte kreuzen Sie möglichst bei jedem Satz an, wie stark dieser nach Ihrer eigenen Einschätzung auf Ihr Verhalten und Ihre Einstellungen in Teamsitzungen zutrifft. Ergänzen Sie diese Tabelle bei Bedarf durch eigene Sätze.

	Trifft zu	Trifft meistens zu	Trifft manchmal zu	Trifft nicht zu
Es ist wichtiger, anderen zuzuhören, als selbst etwas zu sagen.				
Gerne übernehme ich die Moderationsrolle.				
Gerne mache ich einen Witz, um das Gespräch aufzulockern.				
Meine Meinung kann ich gut vertreten.				
Ich sage, was ich denke, auch wenn es anderen nicht passt.				
Wenn ich etwas sage, habe ich fundiertes Wissen hierüber.				
Ich höre lieber zu und beobachte.				
Das soziale Miteinander ist mir am wichtigsten.				
Ich mag es, wenn die Stimmung harmonisch ist.				
In jedem Gespräch ist eine Gesprächsleitung nötig.				
Ich habe oft eine andere Meinung als meine Kolleginnen und Kollegen.				
Ich fühle mich in der Leitungsrolle sehr wohl.				
Mir ist es wichtig, dass Getränke und Snacks auf dem Tisch stehen.				
Mir ist egal, was andere von mir denken.				
Hauptsache, den anderen geht es gut.				
Ich muss mir Mühe geben, gehört zu werden.				
Es ist wichtig, kritische Fragen zu stellen und nicht nur alles abzunicken.				

Was glauben Sie, welcher dieser Begriffe trifft am meisten auf Sie zu? Kreuzen Sie an.

In Teamsitzungen bin ich meistens der/die:

- ☐ Ideengeber:in,
- ☐ Kritiker:in,
- ☐ Opposition,
- ☐ Moderator:in,
- ☐ Expert:in,
- ☐ Leitung/Entscheider:in,
- ☐ Unterstützer:in,
- ☐ Spaßvogel,
- ☐ sozial Fürsorgliche,
- ☐ der/die ____________

* Diese Arbeitsbögen sind online unter https://www.vandenhoeck-ruprecht-verlage.com/mit-fantasie-zur-kooperation abrufbar.

AUSWERTUNGSBOGEN 3: Selbsteinschätzung der Teilnehmenden*

Bitte kreuzen Sie möglichst bei jedem Satz an, wie stark dieser nach Ihrer eigenen Einschätzung auf Ihr Verhalten und Ihre Einstellungen in Teamsitzungen zutrifft. Ergänzen Sie diese Tabelle bei Bedarf durch eigene Sätze.

	Trifft zu	**Trifft meistens zu**	**Trifft manchmal zu**	**Trifft nicht zu**
Es ist wichtiger, anderen zuzuhören, als selbst etwas zu sagen.				
Gerne übernehme ich die Moderationsrolle.				
Gerne mache ich einen Witz, um das Gespräch aufzulockern.				
Meine Meinung kann ich gut vertreten.				
Ich sage, was ich denke, auch wenn es anderen nicht passt.				
Wenn ich etwas sage, habe ich fundiertes Wissen hierüber.				
Ich höre lieber zu und beobachte.				
Das soziale Miteinander ist mir am wichtigsten.				
Ich mag es, wenn die Stimmung harmonisch ist.				
In jedem Gespräch ist eine Gesprächsleitung nötig.				
Ich habe oft eine andere Meinung als meine Kolleginnen und Kollegen.				
Ich fühle mich in der Leitungsrolle sehr wohl.				
Mir ist es wichtig, dass Getränke und Snacks auf dem Tisch stehen.				
Mir ist egal, was andere von mir denken.				
Hauptsache, den anderen geht es gut.				
Ich muss mir Mühe geben, gehört zu werden.				
Es ist wichtig, kritische Fragen zu stellen und nicht nur alles abzunicken.				

Was glauben Sie, welcher dieser Begriffe trifft am meisten auf Sie zu? Kreuzen Sie an.

In Teamsitzungen bin ich meistens der/die:

- ☐ Ideengeber:in,
- ☐ Kritiker:in,
- ☐ Opposition,
- ☐ Moderator:in,
- ☐ Expert:in,
- ☐ Leitung/Entscheider:in,
- ☐ Unterstützer:in,
- ☐ Spaßvogel,
- ☐ sozial Fürsorgliche,
- ☐ der/die ________________

* Diese Arbeitsbögen sind online unter https://www.vandenhoeck-ruprecht-verlage.com/mit-fantasie-zur-kooperation abrufbar.

AUSWERTUNGSBOGEN 3: Selbsteinschätzung der Teilnehmenden*

Bitte kreuzen Sie möglichst bei jedem Satz an, wie stark dieser nach Ihrer eigenen Einschätzung auf Ihr Verhalten und Ihre Einstellungen in Teamsitzungen zutrifft. Ergänzen Sie diese Tabelle bei Bedarf durch eigene Sätze.

	Trifft zu	Trifft meistens zu	Trifft manchmal zu	Trifft nicht zu
Es ist wichtiger, anderen zuzuhören, als selbst etwas zu sagen.				
Gerne übernehme ich die Moderationsrolle.				
Gerne mache ich einen Witz, um das Gespräch aufzulockern.				
Meine Meinung kann ich gut vertreten.				
Ich sage, was ich denke, auch wenn es anderen nicht passt.				
Wenn ich etwas sage, habe ich fundiertes Wissen hierüber.				
Ich höre lieber zu und beobachte.				
Das soziale Miteinander ist mir am wichtigsten.				
Ich mag es, wenn die Stimmung harmonisch ist.				
In jedem Gespräch ist eine Gesprächsleitung nötig.				
Ich habe oft eine andere Meinung als meine Kolleginnen und Kollegen.				
Ich fühle mich in der Leitungsrolle sehr wohl.				
Mir ist es wichtig, dass Getränke und Snacks auf dem Tisch stehen.				
Mir ist egal, was andere von mir denken.				
Hauptsache, den anderen geht es gut.				
Ich muss mir Mühe geben, gehört zu werden.				
Es ist wichtig, kritische Fragen zu stellen und nicht nur alles abzunicken.				

Was glauben Sie, welcher dieser Begriffe trifft am meisten auf Sie zu? Kreuzen Sie an.

In Teamsitzungen bin ich meistens der/die:

- ☐ Ideengeber:in,
- ☐ Kritiker:in,
- ☐ Opposition,
- ☐ Moderator:in,
- ☐ Expert:in,
- ☐ Leitung/Entscheider:in,
- ☐ Unterstützer:in,
- ☐ Spaßvogel,
- ☐ sozial Fürsorgliche,
- ☐ der/die ____________

* Diese Arbeitsbögen sind online unter https://www.vandenhoeck-ruprecht-verlage.com/mit-fantasie-zur-kooperation abrufbar.

AUSWERTUNGSBOGEN 3: Selbsteinschätzung der Teilnehmenden*

Bitte kreuzen Sie möglichst bei jedem Satz an, wie stark dieser nach Ihrer eigenen Einschätzung auf Ihr Verhalten und Ihre Einstellungen in Teamsitzungen zutrifft. Ergänzen Sie diese Tabelle bei Bedarf durch eigene Sätze.

	Trifft zu	**Trifft meistens zu**	**Trifft manchmal zu**	**Trifft nicht zu**
Es ist wichtiger, anderen zuzuhören, als selbst etwas zu sagen.				
Gerne übernehme ich die Moderationsrolle.				
Gerne mache ich einen Witz, um das Gespräch aufzulockern.				
Meine Meinung kann ich gut vertreten.				
Ich sage, was ich denke, auch wenn es anderen nicht passt.				
Wenn ich etwas sage, habe ich fundiertes Wissen hierüber.				
Ich höre lieber zu und beobachte.				
Das soziale Miteinander ist mir am wichtigsten.				
Ich mag es, wenn die Stimmung harmonisch ist.				
In jedem Gespräch ist eine Gesprächsleitung nötig.				
Ich habe oft eine andere Meinung als meine Kolleginnen und Kollegen.				
Ich fühle mich in der Leitungsrolle sehr wohl.				
Mir ist es wichtig, dass Getränke und Snacks auf dem Tisch stehen.				
Mir ist egal, was andere von mir denken.				
Hauptsache, den anderen geht es gut.				
Ich muss mir Mühe geben, gehört zu werden.				
Es ist wichtig, kritische Fragen zu stellen und nicht nur alles abzunicken.				

Was glauben Sie, welcher dieser Begriffe trifft am meisten auf Sie zu? Kreuzen Sie an.

In Teamsitzungen bin ich meistens der/die:

- ☐ Ideengeber:in,
- ☐ Kritiker:in,
- ☐ Opposition,
- ☐ Moderator:in,
- ☐ Expert:in,
- ☐ Leitung/Entscheider:in,
- ☐ Unterstützer:in,
- ☐ Spaßvogel,
- ☐ sozial Fürsorgliche,
- ☐ der/die ____________

* Diese Arbeitsbögen sind online unter https://www.vandenhoeck-ruprecht-verlage.com/mit-fantasie-zur-kooperation abrufbar.

AUSWERTUNGSBOGEN 3: Selbsteinschätzung der Teilnehmenden*

Bitte kreuzen Sie möglichst bei jedem Satz an, wie stark dieser nach Ihrer eigenen Einschätzung auf Ihr Verhalten und Ihre Einstellungen in Teamsitzungen zutrifft. Ergänzen Sie diese Tabelle bei Bedarf durch eigene Sätze.

	Trifft zu	Trifft meistens zu	Trifft manchmal zu	Trifft nicht zu
Es ist wichtiger, anderen zuzuhören, als selbst etwas zu sagen.				
Gerne übernehme ich die Moderationsrolle.				
Gerne mache ich einen Witz, um das Gespräch aufzulockern.				
Meine Meinung kann ich gut vertreten.				
Ich sage, was ich denke, auch wenn es anderen nicht passt.				
Wenn ich etwas sage, habe ich fundiertes Wissen hierüber.				
Ich höre lieber zu und beobachte.				
Das soziale Miteinander ist mir am wichtigsten.				
Ich mag es, wenn die Stimmung harmonisch ist.				
In jedem Gespräch ist eine Gesprächsleitung nötig.				
Ich habe oft eine andere Meinung als meine Kolleginnen und Kollegen.				
Ich fühle mich in der Leitungsrolle sehr wohl.				
Mir ist es wichtig, dass Getränke und Snacks auf dem Tisch stehen.				
Mir ist egal, was andere von mir denken.				
Hauptsache, den anderen geht es gut.				
Ich muss mir Mühe geben, gehört zu werden.				
Es ist wichtig, kritische Fragen zu stellen und nicht nur alles abzunicken.				

Was glauben Sie, welcher dieser Begriffe trifft am meisten auf Sie zu? Kreuzen Sie an.

In Teamsitzungen bin ich meistens der/die:

- ☐ Ideengeber:in,
- ☐ Kritiker:in,
- ☐ Opposition,
- ☐ Moderator:in,
- ☐ Expert:in,
- ☐ Leitung/Entscheider:in,
- ☐ Unterstützer:in,
- ☐ Spaßvogel,
- ☐ sozial Fürsorgliche,
- ☐ der/die ____________

* Diese Arbeitsbögen sind online unter https://www.vandenhoeck-ruprecht-verlage.com/mit-fantasie-zur-kooperation abrufbar.

AUSWERTUNGSBOGEN 3: Selbsteinschätzung der Teilnehmenden*

Bitte kreuzen Sie möglichst bei jedem Satz an, wie stark dieser nach Ihrer eigenen Einschätzung auf Ihr Verhalten und Ihre Einstellungen in Teamsitzungen zutrifft. Ergänzen Sie diese Tabelle bei Bedarf durch eigene Sätze.

	Trifft zu	**Trifft meistens zu**	**Trifft manchmal zu**	**Trifft nicht zu**
Es ist wichtiger, anderen zuzuhören, als selbst etwas zu sagen.				
Gerne übernehme ich die Moderationsrolle.				
Gerne mache ich einen Witz, um das Gespräch aufzulockern.				
Meine Meinung kann ich gut vertreten.				
Ich sage, was ich denke, auch wenn es anderen nicht passt.				
Wenn ich etwas sage, habe ich fundiertes Wissen hierüber.				
Ich höre lieber zu und beobachte.				
Das soziale Miteinander ist mir am wichtigsten.				
Ich mag es, wenn die Stimmung harmonisch ist.				
In jedem Gespräch ist eine Gesprächsleitung nötig.				
Ich habe oft eine andere Meinung als meine Kolleginnen und Kollegen.				
Ich fühle mich in der Leitungsrolle sehr wohl.				
Mir ist es wichtig, dass Getränke und Snacks auf dem Tisch stehen.				
Mir ist egal, was andere von mir denken.				
Hauptsache, den anderen geht es gut.				
Ich muss mir Mühe geben, gehört zu werden.				
Es ist wichtig, kritische Fragen zu stellen und nicht nur alles abzunicken.				

Was glauben Sie, welcher dieser Begriffe trifft am meisten auf Sie zu? Kreuzen Sie an.

In Teamsitzungen bin ich meistens der/die:

- ☐ Ideengeber:in,
- ☐ Kritiker:in,
- ☐ Opposition,
- ☐ Moderator:in,
- ☐ Expert:in,
- ☐ Leitung/Entscheider:in,
- ☐ Unterstützer:in,
- ☐ Spaßvogel,
- ☐ sozial Fürsorgliche,
- ☐ der/die ____________

* Diese Arbeitsbögen sind online unter https://www.vandenhoeck-ruprecht-verlage.com/mit-fantasie-zur-kooperation abrufbar.

AUSWERTUNGSBOGEN 3: Selbsteinschätzung der Teilnehmenden*

Bitte kreuzen Sie möglichst bei jedem Satz an, wie stark dieser nach Ihrer eigenen Einschätzung auf Ihr Verhalten und Ihre Einstellungen in Teamsitzungen zutrifft. Ergänzen Sie diese Tabelle bei Bedarf durch eigene Sätze.

	Trifft zu	Trifft meistens zu	Trifft manchmal zu	Trifft nicht zu
Es ist wichtiger, anderen zuzuhören, als selbst etwas zu sagen.				
Gerne übernehme ich die Moderationsrolle.				
Gerne mache ich einen Witz, um das Gespräch aufzulockern.				
Meine Meinung kann ich gut vertreten.				
Ich sage, was ich denke, auch wenn es anderen nicht passt.				
Wenn ich etwas sage, habe ich fundiertes Wissen hierüber.				
Ich höre lieber zu und beobachte.				
Das soziale Miteinander ist mir am wichtigsten.				
Ich mag es, wenn die Stimmung harmonisch ist.				
In jedem Gespräch ist eine Gesprächsleitung nötig.				
Ich habe oft eine andere Meinung als meine Kolleginnen und Kollegen.				
Ich fühle mich in der Leitungsrolle sehr wohl.				
Mir ist es wichtig, dass Getränke und Snacks auf dem Tisch stehen.				
Mir ist egal, was andere von mir denken.				
Hauptsache, den anderen geht es gut.				
Ich muss mir Mühe geben, gehört zu werden.				
Es ist wichtig, kritische Fragen zu stellen und nicht nur alles abzunicken.				

Was glauben Sie, welcher dieser Begriffe trifft am meisten auf Sie zu? Kreuzen Sie an.

In Teamsitzungen bin ich meistens der/die:

- ☐ Ideengeber:in,
- ☐ Kritiker:in,
- ☐ Opposition,
- ☐ Moderator:in,
- ☐ Expert:in,
- ☐ Leitung/Entscheider:in,
- ☐ Unterstützer:in,
- ☐ Spaßvogel,
- ☐ sozial Fürsorgliche,
- ☐ der/die ______________

* Diese Arbeitsbögen sind online unter https://www.vandenhoeck-ruprecht-verlage.com/mit-fantasie-zur-kooperation abrufbar.

AUSWERTUNGSBOGEN 3: Selbsteinschätzung der Teilnehmenden*

Bitte kreuzen Sie möglichst bei jedem Satz an, wie stark dieser nach Ihrer eigenen Einschätzung auf Ihr Verhalten und Ihre Einstellungen in Teamsitzungen zutrifft. Ergänzen Sie diese Tabelle bei Bedarf durch eigene Sätze.

	Trifft zu	Trifft meistens zu	Trifft manchmal zu	Trifft nicht zu
Es ist wichtiger, anderen zuzuhören, als selbst etwas zu sagen.				
Gerne übernehme ich die Moderationsrolle.				
Gerne mache ich einen Witz, um das Gespräch aufzulockern.				
Meine Meinung kann ich gut vertreten.				
Ich sage, was ich denke, auch wenn es anderen nicht passt.				
Wenn ich etwas sage, habe ich fundiertes Wissen hierüber.				
Ich höre lieber zu und beobachte.				
Das soziale Miteinander ist mir am wichtigsten.				
Ich mag es, wenn die Stimmung harmonisch ist.				
In jedem Gespräch ist eine Gesprächsleitung nötig.				
Ich habe oft eine andere Meinung als meine Kolleginnen und Kollegen.				
Ich fühle mich in der Leitungsrolle sehr wohl.				
Mir ist es wichtig, dass Getränke und Snacks auf dem Tisch stehen.				
Mir ist egal, was andere von mir denken.				
Hauptsache, den anderen geht es gut.				
Ich muss mir Mühe geben, gehört zu werden.				
Es ist wichtig, kritische Fragen zu stellen und nicht nur alles abzunicken.				

Was glauben Sie, welcher dieser Begriffe trifft am meisten auf Sie zu? Kreuzen Sie an.

In Teamsitzungen bin ich meistens der/die:

- ☐ Ideengeber:in,
- ☐ Kritiker:in,
- ☐ Opposition,
- ☐ Moderator:in,
- ☐ Expert:in,
- ☐ Leitung/Entscheider:in,
- ☐ Unterstützer:in,
- ☐ Spaßvogel,
- ☐ sozial Fürsorgliche,
- ☐ der/die ____________

* Diese Arbeitsbögen sind online unter https://www.vandenhoeck-ruprecht-verlage.com/mit-fantasie-zur-kooperation abrufbar.

AUSWERTUNGSBOGEN 3: Selbsteinschätzung der Teilnehmenden*

Bitte kreuzen Sie möglichst bei jedem Satz an, wie stark dieser nach Ihrer eigenen Einschätzung auf Ihr Verhalten und Ihre Einstellungen in Teamsitzungen zutrifft. Ergänzen Sie diese Tabelle bei Bedarf durch eigene Sätze.

	Trifft zu	Trifft meistens zu	Trifft manchmal zu	Trifft nicht zu
Es ist wichtiger, anderen zuzuhören, als selbst etwas zu sagen.				
Gerne übernehme ich die Moderationsrolle.				
Gerne mache ich einen Witz, um das Gespräch aufzulockern.				
Meine Meinung kann ich gut vertreten.				
Ich sage, was ich denke, auch wenn es anderen nicht passt.				
Wenn ich etwas sage, habe ich fundiertes Wissen hierüber.				
Ich höre lieber zu und beobachte.				
Das soziale Miteinander ist mir am wichtigsten.				
Ich mag es, wenn die Stimmung harmonisch ist.				
In jedem Gespräch ist eine Gesprächsleitung nötig.				
Ich habe oft eine andere Meinung als meine Kolleginnen und Kollegen.				
Ich fühle mich in der Leitungsrolle sehr wohl.				
Mir ist es wichtig, dass Getränke und Snacks auf dem Tisch stehen.				
Mir ist egal, was andere von mir denken.				
Hauptsache, den anderen geht es gut.				
Ich muss mir Mühe geben, gehört zu werden.				
Es ist wichtig, kritische Fragen zu stellen und nicht nur alles abzunicken.				

Was glauben Sie, welcher dieser Begriffe trifft am meisten auf Sie zu? Kreuzen Sie an.

In Teamsitzungen bin ich meistens der/die:

- ☐ Ideengeber:in,
- ☐ Kritiker:in,
- ☐ Opposition,
- ☐ Moderator:in,
- ☐ Expert:in,
- ☐ Leitung/Entscheider:in,
- ☐ Unterstützer:in,
- ☐ Spaßvogel,
- ☐ sozial Fürsorgliche,
- ☐ der/die ____________

* Diese Arbeitsbögen sind online unter https://www.vandenhoeck-ruprecht-verlage.com/mit-fantasie-zur-kooperation abrufbar.

AUSWERTUNGSBOGEN 3: Selbsteinschätzung der Teilnehmenden*

Bitte kreuzen Sie möglichst bei jedem Satz an, wie stark dieser nach Ihrer eigenen Einschätzung auf Ihr Verhalten und Ihre Einstellungen in Teamsitzungen zutrifft. Ergänzen Sie diese Tabelle bei Bedarf durch eigene Sätze.

	Trifft zu	Trifft meistens zu	Trifft manchmal zu	Trifft nicht zu
Es ist wichtiger, anderen zuzuhören, als selbst etwas zu sagen.				
Gerne übernehme ich die Moderationsrolle.				
Gerne mache ich einen Witz, um das Gespräch aufzulockern.				
Meine Meinung kann ich gut vertreten.				
Ich sage, was ich denke, auch wenn es anderen nicht passt.				
Wenn ich etwas sage, habe ich fundiertes Wissen hierüber.				
Ich höre lieber zu und beobachte.				
Das soziale Miteinander ist mir am wichtigsten.				
Ich mag es, wenn die Stimmung harmonisch ist.				
In jedem Gespräch ist eine Gesprächsleitung nötig.				
Ich habe oft eine andere Meinung als meine Kolleginnen und Kollegen.				
Ich fühle mich in der Leitungsrolle sehr wohl.				
Mir ist es wichtig, dass Getränke und Snacks auf dem Tisch stehen.				
Mir ist egal, was andere von mir denken.				
Hauptsache, den anderen geht es gut.				
Ich muss mir Mühe geben, gehört zu werden.				
Es ist wichtig, kritische Fragen zu stellen und nicht nur alles abzunicken.				

Was glauben Sie, welcher dieser Begriffe trifft am meisten auf Sie zu? Kreuzen Sie an.

In Teamsitzungen bin ich meistens der/die:

- ☐ Ideengeber:in,
- ☐ Kritiker:in,
- ☐ Opposition,
- ☐ Moderator:in,
- ☐ Expert:in,
- ☐ Leitung/Entscheider:in,
- ☐ Unterstützer:in,
- ☐ Spaßvogel,
- ☐ sozial Fürsorgliche,
- ☐ der/die ________________

* Diese Arbeitsbögen sind online unter https://www.vandenhoeck-ruprecht-verlage.com/mit-fantasie-zur-kooperation abrufbar.

AUSWERTUNGSBOGEN 3: Selbsteinschätzung der Teilnehmenden*

Bitte kreuzen Sie möglichst bei jedem Satz an, wie stark dieser nach Ihrer eigenen Einschätzung auf Ihr Verhalten und Ihre Einstellungen in Teamsitzungen zutrifft. Ergänzen Sie diese Tabelle bei Bedarf durch eigene Sätze.

	Trifft zu	**Trifft meistens zu**	**Trifft manchmal zu**	**Trifft nicht zu**
Es ist wichtiger, anderen zuzuhören, als selbst etwas zu sagen.				
Gerne übernehme ich die Moderationsrolle.				
Gerne mache ich einen Witz, um das Gespräch aufzulockern.				
Meine Meinung kann ich gut vertreten.				
Ich sage, was ich denke, auch wenn es anderen nicht passt.				
Wenn ich etwas sage, habe ich fundiertes Wissen hierüber.				
Ich höre lieber zu und beobachte.				
Das soziale Miteinander ist mir am wichtigsten.				
Ich mag es, wenn die Stimmung harmonisch ist.				
In jedem Gespräch ist eine Gesprächsleitung nötig.				
Ich habe oft eine andere Meinung als meine Kolleginnen und Kollegen.				
Ich fühle mich in der Leitungsrolle sehr wohl.				
Mir ist es wichtig, dass Getränke und Snacks auf dem Tisch stehen.				
Mir ist egal, was andere von mir denken.				
Hauptsache, den anderen geht es gut.				
Ich muss mir Mühe geben, gehört zu werden.				
Es ist wichtig, kritische Fragen zu stellen und nicht nur alles abzunicken.				

Was glauben Sie, welcher dieser Begriffe trifft am meisten auf Sie zu? Kreuzen Sie an.

In Teamsitzungen bin ich meistens der/die:

- ☐ Ideengeber:in,
- ☐ Kritiker:in,
- ☐ Opposition,
- ☐ Moderator:in,
- ☐ Expert:in,
- ☐ Leitung/Entscheider:in,
- ☐ Unterstützer:in,
- ☐ Spaßvogel,
- ☐ sozial Fürsorgliche,
- ☐ der/die ____________

* Diese Arbeitsbögen sind online unter https://www.vandenhoeck-ruprecht-verlage.com/mit-fantasie-zur-kooperation abrufbar.

AUSWERTUNGSBOGEN 3: Selbsteinschätzung der Teilnehmenden*

Bitte kreuzen Sie möglichst bei jedem Satz an, wie stark dieser nach Ihrer eigenen Einschätzung auf Ihr Verhalten und Ihre Einstellungen in Teamsitzungen zutrifft. Ergänzen Sie diese Tabelle bei Bedarf durch eigene Sätze.

	Trifft zu	**Trifft meistens zu**	**Trifft manchmal zu**	**Trifft nicht zu**
Es ist wichtiger, anderen zuzuhören, als selbst etwas zu sagen.				
Gerne übernehme ich die Moderationsrolle.				
Gerne mache ich einen Witz, um das Gespräch aufzulockern.				
Meine Meinung kann ich gut vertreten.				
Ich sage, was ich denke, auch wenn es anderen nicht passt.				
Wenn ich etwas sage, habe ich fundiertes Wissen hierüber.				
Ich höre lieber zu und beobachte.				
Das soziale Miteinander ist mir am wichtigsten.				
Ich mag es, wenn die Stimmung harmonisch ist.				
In jedem Gespräch ist eine Gesprächsleitung nötig.				
Ich habe oft eine andere Meinung als meine Kolleginnen und Kollegen.				
Ich fühle mich in der Leitungsrolle sehr wohl.				
Mir ist es wichtig, dass Getränke und Snacks auf dem Tisch stehen.				
Mir ist egal, was andere von mir denken.				
Hauptsache, den anderen geht es gut.				
Ich muss mir Mühe geben, gehört zu werden.				
Es ist wichtig, kritische Fragen zu stellen und nicht nur alles abzunicken.				

Was glauben Sie, welcher dieser Begriffe trifft am meisten auf Sie zu? Kreuzen Sie an.

In Teamsitzungen bin ich meistens der/die:

- ☐ Ideengeber:in,
- ☐ Kritiker:in,
- ☐ Opposition,
- ☐ Moderator:in,
- ☐ Expert:in,
- ☐ Leitung/Entscheider:in,
- ☐ Unterstützer:in,
- ☐ Spaßvogel,
- ☐ sozial Fürsorgliche,
- ☐ der/die ____________

* Diese Arbeitsbögen sind online unter https://www.vandenhoeck-ruprecht-verlage.com/mit-fantasie-zur-kooperation abrufbar.

AUSWERTUNGSBOGEN 3: Selbsteinschätzung der Teilnehmenden*

Bitte kreuzen Sie möglichst bei jedem Satz an, wie stark dieser nach Ihrer eigenen Einschätzung auf Ihr Verhalten und Ihre Einstellungen in Teamsitzungen zutrifft. Ergänzen Sie diese Tabelle bei Bedarf durch eigene Sätze.

	Trifft zu	Trifft meistens zu	Trifft manchmal zu	Trifft nicht zu
Es ist wichtiger, anderen zuzuhören, als selbst etwas zu sagen.				
Gerne übernehme ich die Moderationsrolle.				
Gerne mache ich einen Witz, um das Gespräch aufzulockern.				
Meine Meinung kann ich gut vertreten.				
Ich sage, was ich denke, auch wenn es anderen nicht passt.				
Wenn ich etwas sage, habe ich fundiertes Wissen hierüber.				
Ich höre lieber zu und beobachte.				
Das soziale Miteinander ist mir am wichtigsten.				
Ich mag es, wenn die Stimmung harmonisch ist.				
In jedem Gespräch ist eine Gesprächsleitung nötig.				
Ich habe oft eine andere Meinung als meine Kolleginnen und Kollegen.				
Ich fühle mich in der Leitungsrolle sehr wohl.				
Mir ist es wichtig, dass Getränke und Snacks auf dem Tisch stehen.				
Mir ist egal, was andere von mir denken.				
Hauptsache, den anderen geht es gut.				
Ich muss mir Mühe geben, gehört zu werden.				
Es ist wichtig, kritische Fragen zu stellen und nicht nur alles abzunicken.				

Was glauben Sie, welcher dieser Begriffe trifft am meisten auf Sie zu? Kreuzen Sie an.

In Teamsitzungen bin ich meistens der/die:

- ☐ Ideengeber:in,
- ☐ Kritiker:in,
- ☐ Opposition,
- ☐ Moderator:in,
- ☐ Expert:in,
- ☐ Leitung/Entscheider:in,
- ☐ Unterstützer:in,
- ☐ Spaßvogel,
- ☐ sozial Fürsorgliche,
- ☐ der/die ____________

* Diese Arbeitsbögen sind online unter https://www.vandenhoeck-ruprecht-verlage.com/mit-fantasie-zur-kooperation abrufbar.

AUSWERTUNGSBOGEN 3: Selbsteinschätzung der Teilnehmenden*

Bitte kreuzen Sie möglichst bei jedem Satz an, wie stark dieser nach Ihrer eigenen Einschätzung auf Ihr Verhalten und Ihre Einstellungen in Teamsitzungen zutrifft. Ergänzen Sie diese Tabelle bei Bedarf durch eigene Sätze.

	Trifft zu	Trifft meistens zu	Trifft manchmal zu	Trifft nicht zu
Es ist wichtiger, anderen zuzuhören, als selbst etwas zu sagen.				
Gerne übernehme ich die Moderationsrolle.				
Gerne mache ich einen Witz, um das Gespräch aufzulockern.				
Meine Meinung kann ich gut vertreten.				
Ich sage, was ich denke, auch wenn es anderen nicht passt.				
Wenn ich etwas sage, habe ich fundiertes Wissen hierüber.				
Ich höre lieber zu und beobachte.				
Das soziale Miteinander ist mir am wichtigsten.				
Ich mag es, wenn die Stimmung harmonisch ist.				
In jedem Gespräch ist eine Gesprächsleitung nötig.				
Ich habe oft eine andere Meinung als meine Kolleginnen und Kollegen.				
Ich fühle mich in der Leitungsrolle sehr wohl.				
Mir ist es wichtig, dass Getränke und Snacks auf dem Tisch stehen.				
Mir ist egal, was andere von mir denken.				
Hauptsache, den anderen geht es gut.				
Ich muss mir Mühe geben, gehört zu werden.				
Es ist wichtig, kritische Fragen zu stellen und nicht nur alles abzunicken.				

Was glauben Sie, welcher dieser Begriffe trifft am meisten auf Sie zu? Kreuzen Sie an.

In Teamsitzungen bin ich meistens der/die:

- ☐ Ideengeber:in,
- ☐ Kritiker:in,
- ☐ Opposition,
- ☐ Moderator:in,
- ☐ Expert:in,
- ☐ Leitung/Entscheider:in,
- ☐ Unterstützer:in,
- ☐ Spaßvogel,
- ☐ sozial Fürsorgliche,
- ☐ der/die ____________

* Diese Arbeitsbögen sind online unter https://www.vandenhoeck-ruprecht-verlage.com/mit-fantasie-zur-kooperation abrufbar.

AUSWERTUNGSBOGEN 3: Selbsteinschätzung der Teilnehmenden*

Bitte kreuzen Sie möglichst bei jedem Satz an, wie stark dieser nach Ihrer eigenen Einschätzung auf Ihr Verhalten und Ihre Einstellungen in Teamsitzungen zutrifft. Ergänzen Sie diese Tabelle bei Bedarf durch eigene Sätze.

	Trifft zu	Trifft meistens zu	Trifft manchmal zu	Trifft nicht zu
Es ist wichtiger, anderen zuzuhören, als selbst etwas zu sagen.				
Gerne übernehme ich die Moderationsrolle.				
Gerne mache ich einen Witz, um das Gespräch aufzulockern.				
Meine Meinung kann ich gut vertreten.				
Ich sage, was ich denke, auch wenn es anderen nicht passt.				
Wenn ich etwas sage, habe ich fundiertes Wissen hierüber.				
Ich höre lieber zu und beobachte.				
Das soziale Miteinander ist mir am wichtigsten.				
Ich mag es, wenn die Stimmung harmonisch ist.				
In jedem Gespräch ist eine Gesprächsleitung nötig.				
Ich habe oft eine andere Meinung als meine Kolleginnen und Kollegen.				
Ich fühle mich in der Leitungsrolle sehr wohl.				
Mir ist es wichtig, dass Getränke und Snacks auf dem Tisch stehen.				
Mir ist egal, was andere von mir denken.				
Hauptsache, den anderen geht es gut.				
Ich muss mir Mühe geben, gehört zu werden.				
Es ist wichtig, kritische Fragen zu stellen und nicht nur alles abzunicken.				

Was glauben Sie, welcher dieser Begriffe trifft am meisten auf Sie zu? Kreuzen Sie an.

In Teamsitzungen bin ich meistens der/die:

- ☐ Ideengeber:in,
- ☐ Kritiker:in,
- ☐ Opposition,
- ☐ Moderator:in,
- ☐ Expert:in,
- ☐ Leitung/Entscheider:in,
- ☐ Unterstützer:in,
- ☐ Spaßvogel,
- ☐ sozial Fürsorgliche,
- ☐ der/die ____________

* Diese Arbeitsbögen sind online unter https://www.vandenhoeck-ruprecht-verlage.com/mit-fantasie-zur-kooperation abrufbar.

AUSWERTUNGSBOGEN 3: Selbsteinschätzung der Teilnehmenden*

Bitte kreuzen Sie möglichst bei jedem Satz an, wie stark dieser nach Ihrer eigenen Einschätzung auf Ihr Verhalten und Ihre Einstellungen in Teamsitzungen zutrifft. Ergänzen Sie diese Tabelle bei Bedarf durch eigene Sätze.

	Trifft zu	**Trifft meistens zu**	**Trifft manchmal zu**	**Trifft nicht zu**
Es ist wichtiger, anderen zuzuhören, als selbst etwas zu sagen.				
Gerne übernehme ich die Moderationsrolle.				
Gerne mache ich einen Witz, um das Gespräch aufzulockern.				
Meine Meinung kann ich gut vertreten.				
Ich sage, was ich denke, auch wenn es anderen nicht passt.				
Wenn ich etwas sage, habe ich fundiertes Wissen hierüber.				
Ich höre lieber zu und beobachte.				
Das soziale Miteinander ist mir am wichtigsten.				
Ich mag es, wenn die Stimmung harmonisch ist.				
In jedem Gespräch ist eine Gesprächsleitung nötig.				
Ich habe oft eine andere Meinung als meine Kolleginnen und Kollegen.				
Ich fühle mich in der Leitungsrolle sehr wohl.				
Mir ist es wichtig, dass Getränke und Snacks auf dem Tisch stehen.				
Mir ist egal, was andere von mir denken.				
Hauptsache, den anderen geht es gut.				
Ich muss mir Mühe geben, gehört zu werden.				
Es ist wichtig, kritische Fragen zu stellen und nicht nur alles abzunicken.				

Was glauben Sie, welcher dieser Begriffe trifft am meisten auf Sie zu? Kreuzen Sie an.

In Teamsitzungen bin ich meistens der/die:

- ☐ Ideengeber:in,
- ☐ Kritiker:in,
- ☐ Opposition,
- ☐ Moderator:in,
- ☐ Expert:in,
- ☐ Leitung/Entscheider:in,
- ☐ Unterstützer:in,
- ☐ Spaßvogel,
- ☐ sozial Fürsorgliche,
- ☐ der/die ______________

* Diese Arbeitsbögen sind online unter https://www.vandenhoeck-ruprecht-verlage.com/mit-fantasie-zur-kooperation abrufbar.

AUSWERTUNGSBOGEN 3: Selbsteinschätzung der Teilnehmenden*

Bitte kreuzen Sie möglichst bei jedem Satz an, wie stark dieser nach Ihrer eigenen Einschätzung auf Ihr Verhalten und Ihre Einstellungen in Teamsitzungen zutrifft. Ergänzen Sie diese Tabelle bei Bedarf durch eigene Sätze.

	Trifft zu	Trifft meistens zu	Trifft manchmal zu	Trifft nicht zu
Es ist wichtiger, anderen zuzuhören, als selbst etwas zu sagen.				
Gerne übernehme ich die Moderationsrolle.				
Gerne mache ich einen Witz, um das Gespräch aufzulockern.				
Meine Meinung kann ich gut vertreten.				
Ich sage, was ich denke, auch wenn es anderen nicht passt.				
Wenn ich etwas sage, habe ich fundiertes Wissen hierüber.				
Ich höre lieber zu und beobachte.				
Das soziale Miteinander ist mir am wichtigsten.				
Ich mag es, wenn die Stimmung harmonisch ist.				
In jedem Gespräch ist eine Gesprächsleitung nötig.				
Ich habe oft eine andere Meinung als meine Kolleginnen und Kollegen.				
Ich fühle mich in der Leitungsrolle sehr wohl.				
Mir ist es wichtig, dass Getränke und Snacks auf dem Tisch stehen.				
Mir ist egal, was andere von mir denken.				
Hauptsache, den anderen geht es gut.				
Ich muss mir Mühe geben, gehört zu werden.				
Es ist wichtig, kritische Fragen zu stellen und nicht nur alles abzunicken.				

Was glauben Sie, welcher dieser Begriffe trifft am meisten auf Sie zu? Kreuzen Sie an.

In Teamsitzungen bin ich meistens der/die:

- ☐ Ideengeber:in,
- ☐ Kritiker:in,
- ☐ Opposition,
- ☐ Moderator:in,
- ☐ Expert:in,
- ☐ Leitung/Entscheider:in,
- ☐ Unterstützer:in,
- ☐ Spaßvogel,
- ☐ sozial Fürsorgliche,
- ☐ der/die ____________

* Diese Arbeitsbögen sind online unter https://www.vandenhoeck-ruprecht-verlage.com/mit-fantasie-zur-kooperation abrufbar.

AUSWERTUNGSBOGEN 3: Selbsteinschätzung der Teilnehmenden*

Bitte kreuzen Sie möglichst bei jedem Satz an, wie stark dieser nach Ihrer eigenen Einschätzung auf Ihr Verhalten und Ihre Einstellungen in Teamsitzungen zutrifft. Ergänzen Sie diese Tabelle bei Bedarf durch eigene Sätze.

	Trifft zu	**Trifft meistens zu**	**Trifft manchmal zu**	**Trifft nicht zu**
Es ist wichtiger, anderen zuzuhören, als selbst etwas zu sagen.				
Gerne übernehme ich die Moderationsrolle.				
Gerne mache ich einen Witz, um das Gespräch aufzulockern.				
Meine Meinung kann ich gut vertreten.				
Ich sage, was ich denke, auch wenn es anderen nicht passt.				
Wenn ich etwas sage, habe ich fundiertes Wissen hierüber.				
Ich höre lieber zu und beobachte.				
Das soziale Miteinander ist mir am wichtigsten.				
Ich mag es, wenn die Stimmung harmonisch ist.				
In jedem Gespräch ist eine Gesprächsleitung nötig.				
Ich habe oft eine andere Meinung als meine Kolleginnen und Kollegen.				
Ich fühle mich in der Leitungsrolle sehr wohl.				
Mir ist es wichtig, dass Getränke und Snacks auf dem Tisch stehen.				
Mir ist egal, was andere von mir denken.				
Hauptsache, den anderen geht es gut.				
Ich muss mir Mühe geben, gehört zu werden.				
Es ist wichtig, kritische Fragen zu stellen und nicht nur alles abzunicken.				

Was glauben Sie, welcher dieser Begriffe trifft am meisten auf Sie zu? Kreuzen Sie an.

In Teamsitzungen bin ich meistens der/die:

- ☐ Ideengeber:in,
- ☐ Kritiker:in,
- ☐ Opposition,
- ☐ Moderator:in,
- ☐ Expert:in,
- ☐ Leitung/Entscheider:in,
- ☐ Unterstützer:in,
- ☐ Spaßvogel,
- ☐ sozial Fürsorgliche,
- ☐ der/die ____________

* Diese Arbeitsbögen sind online unter https://www.vandenhoeck-ruprecht-verlage.com/mit-fantasie-zur-kooperation abrufbar.

AUSWERTUNGSBOGEN 3: Selbsteinschätzung der Teilnehmenden*

Bitte kreuzen Sie möglichst bei jedem Satz an, wie stark dieser nach Ihrer eigenen Einschätzung auf Ihr Verhalten und Ihre Einstellungen in Teamsitzungen zutrifft. Ergänzen Sie diese Tabelle bei Bedarf durch eigene Sätze.

	Trifft zu	Trifft meistens zu	Trifft manchmal zu	Trifft nicht zu
Es ist wichtiger, anderen zuzuhören, als selbst etwas zu sagen.				
Gerne übernehme ich die Moderationsrolle.				
Gerne mache ich einen Witz, um das Gespräch aufzulockern.				
Meine Meinung kann ich gut vertreten.				
Ich sage, was ich denke, auch wenn es anderen nicht passt.				
Wenn ich etwas sage, habe ich fundiertes Wissen hierüber.				
Ich höre lieber zu und beobachte.				
Das soziale Miteinander ist mir am wichtigsten.				
Ich mag es, wenn die Stimmung harmonisch ist.				
In jedem Gespräch ist eine Gesprächsleitung nötig.				
Ich habe oft eine andere Meinung als meine Kolleginnen und Kollegen.				
Ich fühle mich in der Leitungsrolle sehr wohl.				
Mir ist es wichtig, dass Getränke und Snacks auf dem Tisch stehen.				
Mir ist egal, was andere von mir denken.				
Hauptsache, den anderen geht es gut.				
Ich muss mir Mühe geben, gehört zu werden.				
Es ist wichtig, kritische Fragen zu stellen und nicht nur alles abzunicken.				

Was glauben Sie, welcher dieser Begriffe trifft am meisten auf Sie zu? Kreuzen Sie an.

In Teamsitzungen bin ich meistens der/die:

- ☐ Ideengeber:in,
- ☐ Kritiker:in,
- ☐ Opposition,
- ☐ Moderator:in,
- ☐ Expert:in,
- ☐ Leitung/Entscheider:in,
- ☐ Unterstützer:in,
- ☐ Spaßvogel,
- ☐ sozial Fürsorgliche,
- ☐ der/die ____________

* Diese Arbeitsbögen sind online unter https://www.vandenhoeck-ruprecht-verlage.com/mit-fantasie-zur-kooperation abrufbar.

AUSWERTUNGSBOGEN 3: Selbsteinschätzung der Teilnehmenden*

Bitte kreuzen Sie möglichst bei jedem Satz an, wie stark dieser nach Ihrer eigenen Einschätzung auf Ihr Verhalten und Ihre Einstellungen in Teamsitzungen zutrifft. Ergänzen Sie diese Tabelle bei Bedarf durch eigene Sätze.

	Trifft zu	**Trifft meistens zu**	**Trifft manchmal zu**	**Trifft nicht zu**
Es ist wichtiger, anderen zuzuhören, als selbst etwas zu sagen.				
Gerne übernehme ich die Moderationsrolle.				
Gerne mache ich einen Witz, um das Gespräch aufzulockern.				
Meine Meinung kann ich gut vertreten.				
Ich sage, was ich denke, auch wenn es anderen nicht passt.				
Wenn ich etwas sage, habe ich fundiertes Wissen hierüber.				
Ich höre lieber zu und beobachte.				
Das soziale Miteinander ist mir am wichtigsten.				
Ich mag es, wenn die Stimmung harmonisch ist.				
In jedem Gespräch ist eine Gesprächsleitung nötig.				
Ich habe oft eine andere Meinung als meine Kolleginnen und Kollegen.				
Ich fühle mich in der Leitungsrolle sehr wohl.				
Mir ist es wichtig, dass Getränke und Snacks auf dem Tisch stehen.				
Mir ist egal, was andere von mir denken.				
Hauptsache, den anderen geht es gut.				
Ich muss mir Mühe geben, gehört zu werden.				
Es ist wichtig, kritische Fragen zu stellen und nicht nur alles abzunicken.				

Was glauben Sie, welcher dieser Begriffe trifft am meisten auf Sie zu? Kreuzen Sie an.

In Teamsitzungen bin ich meistens der/die:

- ☐ Ideengeber:in,
- ☐ Kritiker:in,
- ☐ Opposition,
- ☐ Moderator:in,
- ☐ Expert:in,
- ☐ Leitung/Entscheider:in,
- ☐ Unterstützer:in,
- ☐ Spaßvogel,
- ☐ sozial Fürsorgliche,
- ☐ der/die ________________

* Diese Arbeitsbögen sind online unter https://www.vandenhoeck-ruprecht-verlage.com/mit-fantasie-zur-kooperation abrufbar.

AUSWERTUNGSBOGEN 3: Selbsteinschätzung der Teilnehmenden*

Bitte kreuzen Sie möglichst bei jedem Satz an, wie stark dieser nach Ihrer eigenen Einschätzung auf Ihr Verhalten und Ihre Einstellungen in Teamsitzungen zutrifft. Ergänzen Sie diese Tabelle bei Bedarf durch eigene Sätze.

	Trifft zu	**Trifft meistens zu**	**Trifft manchmal zu**	**Trifft nicht zu**
Es ist wichtiger, anderen zuzuhören, als selbst etwas zu sagen.				
Gerne übernehme ich die Moderationsrolle.				
Gerne mache ich einen Witz, um das Gespräch aufzulockern.				
Meine Meinung kann ich gut vertreten.				
Ich sage, was ich denke, auch wenn es anderen nicht passt.				
Wenn ich etwas sage, habe ich fundiertes Wissen hierüber.				
Ich höre lieber zu und beobachte.				
Das soziale Miteinander ist mir am wichtigsten.				
Ich mag es, wenn die Stimmung harmonisch ist.				
In jedem Gespräch ist eine Gesprächsleitung nötig.				
Ich habe oft eine andere Meinung als meine Kolleginnen und Kollegen.				
Ich fühle mich in der Leitungsrolle sehr wohl.				
Mir ist es wichtig, dass Getränke und Snacks auf dem Tisch stehen.				
Mir ist egal, was andere von mir denken.				
Hauptsache, den anderen geht es gut.				
Ich muss mir Mühe geben, gehört zu werden.				
Es ist wichtig, kritische Fragen zu stellen und nicht nur alles abzunicken.				

Was glauben Sie, welcher dieser Begriffe trifft am meisten auf Sie zu? Kreuzen Sie an.

In Teamsitzungen bin ich meistens der/die:

- ☐ Ideengeber:in,
- ☐ Kritiker:in,
- ☐ Opposition,
- ☐ Moderator:in,
- ☐ Expert:in,
- ☐ Leitung/Entscheider:in,
- ☐ Unterstützer:in,
- ☐ Spaßvogel,
- ☐ sozial Fürsorgliche,
- ☐ der/die ____________

* Diese Arbeitsbögen sind online unter https://www.vandenhoeck-ruprecht-verlage.com/mit-fantasie-zur-kooperation abrufbar.

AUSWERTUNGSBOGEN 3: Selbsteinschätzung der Teilnehmenden*

Bitte kreuzen Sie möglichst bei jedem Satz an, wie stark dieser nach Ihrer eigenen Einschätzung auf Ihr Verhalten und Ihre Einstellungen in Teamsitzungen zutrifft. Ergänzen Sie diese Tabelle bei Bedarf durch eigene Sätze.

	Trifft zu	Trifft meistens zu	Trifft manchmal zu	Trifft nicht zu
Es ist wichtiger, anderen zuzuhören, als selbst etwas zu sagen.				
Gerne übernehme ich die Moderationsrolle.				
Gerne mache ich einen Witz, um das Gespräch aufzulockern.				
Meine Meinung kann ich gut vertreten.				
Ich sage, was ich denke, auch wenn es anderen nicht passt.				
Wenn ich etwas sage, habe ich fundiertes Wissen hierüber.				
Ich höre lieber zu und beobachte.				
Das soziale Miteinander ist mir am wichtigsten.				
Ich mag es, wenn die Stimmung harmonisch ist.				
In jedem Gespräch ist eine Gesprächsleitung nötig.				
Ich habe oft eine andere Meinung als meine Kolleginnen und Kollegen.				
Ich fühle mich in der Leitungsrolle sehr wohl.				
Mir ist es wichtig, dass Getränke und Snacks auf dem Tisch stehen.				
Mir ist egal, was andere von mir denken.				
Hauptsache, den anderen geht es gut.				
Ich muss mir Mühe geben, gehört zu werden.				
Es ist wichtig, kritische Fragen zu stellen und nicht nur alles abzunicken.				

Was glauben Sie, welcher dieser Begriffe trifft am meisten auf Sie zu? Kreuzen Sie an.

In Teamsitzungen bin ich meistens der/die:

- ☐ Ideengeber:in,
- ☐ Kritiker:in,
- ☐ Opposition,
- ☐ Moderator:in,
- ☐ Expert:in,
- ☐ Leitung/Entscheider:in,
- ☐ Unterstützer:in,
- ☐ Spaßvogel,
- ☐ sozial Fürsorgliche,
- ☐ der/die ______________

* Diese Arbeitsbögen sind online unter https://www.vandenhoeck-ruprecht-verlage.com/mit-fantasie-zur-kooperation abrufbar.

AUSWERTUNGSBOGEN 3: Selbsteinschätzung der Teilnehmenden*

Bitte kreuzen Sie möglichst bei jedem Satz an, wie stark dieser nach Ihrer eigenen Einschätzung auf Ihr Verhalten und Ihre Einstellungen in Teamsitzungen zutrifft. Ergänzen Sie diese Tabelle bei Bedarf durch eigene Sätze.

	Trifft zu	Trifft meistens zu	Trifft manchmal zu	Trifft nicht zu
Es ist wichtiger, anderen zuzuhören, als selbst etwas zu sagen.				
Gerne übernehme ich die Moderationsrolle.				
Gerne mache ich einen Witz, um das Gespräch aufzulockern.				
Meine Meinung kann ich gut vertreten.				
Ich sage, was ich denke, auch wenn es anderen nicht passt.				
Wenn ich etwas sage, habe ich fundiertes Wissen hierüber.				
Ich höre lieber zu und beobachte.				
Das soziale Miteinander ist mir am wichtigsten.				
Ich mag es, wenn die Stimmung harmonisch ist.				
In jedem Gespräch ist eine Gesprächsleitung nötig.				
Ich habe oft eine andere Meinung als meine Kolleginnen und Kollegen.				
Ich fühle mich in der Leitungsrolle sehr wohl.				
Mir ist es wichtig, dass Getränke und Snacks auf dem Tisch stehen.				
Mir ist egal, was andere von mir denken.				
Hauptsache, den anderen geht es gut.				
Ich muss mir Mühe geben, gehört zu werden.				
Es ist wichtig, kritische Fragen zu stellen und nicht nur alles abzunicken.				

Was glauben Sie, welcher dieser Begriffe trifft am meisten auf Sie zu? Kreuzen Sie an.

In Teamsitzungen bin ich meistens der/die:

- ☐ Ideengeber:in,
- ☐ Kritiker:in,
- ☐ Opposition,
- ☐ Moderator:in,
- ☐ Expert:in,
- ☐ Leitung/Entscheider:in,
- ☐ Unterstützer:in,
- ☐ Spaßvogel,
- ☐ sozial Fürsorgliche,
- ☐ der/die ____________

* Diese Arbeitsbögen sind online unter https://www.vandenhoeck-ruprecht-verlage.com/mit-fantasie-zur-kooperation abrufbar.

AUSWERTUNGSBOGEN 3: Selbsteinschätzung der Teilnehmenden*

Bitte kreuzen Sie möglichst bei jedem Satz an, wie stark dieser nach Ihrer eigenen Einschätzung auf Ihr Verhalten und Ihre Einstellungen in Teamsitzungen zutrifft. Ergänzen Sie diese Tabelle bei Bedarf durch eigene Sätze.

	Trifft zu	Trifft meistens zu	Trifft manchmal zu	Trifft nicht zu
Es ist wichtiger, anderen zuzuhören, als selbst etwas zu sagen.				
Gerne übernehme ich die Moderationsrolle.				
Gerne mache ich einen Witz, um das Gespräch aufzulockern.				
Meine Meinung kann ich gut vertreten.				
Ich sage, was ich denke, auch wenn es anderen nicht passt.				
Wenn ich etwas sage, habe ich fundiertes Wissen hierüber.				
Ich höre lieber zu und beobachte.				
Das soziale Miteinander ist mir am wichtigsten.				
Ich mag es, wenn die Stimmung harmonisch ist.				
In jedem Gespräch ist eine Gesprächsleitung nötig.				
Ich habe oft eine andere Meinung als meine Kolleginnen und Kollegen.				
Ich fühle mich in der Leitungsrolle sehr wohl.				
Mir ist es wichtig, dass Getränke und Snacks auf dem Tisch stehen.				
Mir ist egal, was andere von mir denken.				
Hauptsache, den anderen geht es gut.				
Ich muss mir Mühe geben, gehört zu werden.				
Es ist wichtig, kritische Fragen zu stellen und nicht nur alles abzunicken.				

Was glauben Sie, welcher dieser Begriffe trifft am meisten auf Sie zu? Kreuzen Sie an.

In Teamsitzungen bin ich meistens der/die:

- ☐ Ideengeber:in,
- ☐ Kritiker:in,
- ☐ Opposition,
- ☐ Moderator:in,
- ☐ Expert:in,
- ☐ Leitung/Entscheider:in,
- ☐ Unterstützer:in,
- ☐ Spaßvogel,
- ☐ sozial Fürsorgliche,
- ☐ der/die ________________

* Diese Arbeitsbögen sind online unter https://www.vandenhoeck-ruprecht-verlage.com/mit-fantasie-zur-kooperation abrufbar.

AUSWERTUNGSBOGEN 3: Selbsteinschätzung der Teilnehmenden*

Bitte kreuzen Sie möglichst bei jedem Satz an, wie stark dieser nach Ihrer eigenen Einschätzung auf Ihr Verhalten und Ihre Einstellungen in Teamsitzungen zutrifft. Ergänzen Sie diese Tabelle bei Bedarf durch eigene Sätze.

	Trifft zu	Trifft meistens zu	Trifft manchmal zu	Trifft nicht zu
Es ist wichtiger, anderen zuzuhören, als selbst etwas zu sagen.				
Gerne übernehme ich die Moderationsrolle.				
Gerne mache ich einen Witz, um das Gespräch aufzulockern.				
Meine Meinung kann ich gut vertreten.				
Ich sage, was ich denke, auch wenn es anderen nicht passt.				
Wenn ich etwas sage, habe ich fundiertes Wissen hierüber.				
Ich höre lieber zu und beobachte.				
Das soziale Miteinander ist mir am wichtigsten.				
Ich mag es, wenn die Stimmung harmonisch ist.				
In jedem Gespräch ist eine Gesprächsleitung nötig.				
Ich habe oft eine andere Meinung als meine Kolleginnen und Kollegen.				
Ich fühle mich in der Leitungsrolle sehr wohl.				
Mir ist es wichtig, dass Getränke und Snacks auf dem Tisch stehen.				
Mir ist egal, was andere von mir denken.				
Hauptsache, den anderen geht es gut.				
Ich muss mir Mühe geben, gehört zu werden.				
Es ist wichtig, kritische Fragen zu stellen und nicht nur alles abzunicken.				

Was glauben Sie, welcher dieser Begriffe trifft am meisten auf Sie zu? Kreuzen Sie an.

In Teamsitzungen bin ich meistens der/die:

- ☐ Ideengeber:in,
- ☐ Kritiker:in,
- ☐ Opposition,
- ☐ Moderator:in,
- ☐ Expert:in,
- ☐ Leitung/Entscheider:in,
- ☐ Unterstützer:in,
- ☐ Spaßvogel,
- ☐ sozial Fürsorgliche,
- ☐ der/die ___________

* Diese Arbeitsbögen sind online unter https://www.vandenhoeck-ruprecht-verlage.com/mit-fantasie-zur-kooperation abrufbar.

AUSWERTUNGSBOGEN 3: Selbsteinschätzung der Teilnehmenden*

Bitte kreuzen Sie möglichst bei jedem Satz an, wie stark dieser nach Ihrer eigenen Einschätzung auf Ihr Verhalten und Ihre Einstellungen in Teamsitzungen zutrifft. Ergänzen Sie diese Tabelle bei Bedarf durch eigene Sätze.

	Trifft zu	Trifft meistens zu	Trifft manchmal zu	Trifft nicht zu
Es ist wichtiger, anderen zuzuhören, als selbst etwas zu sagen.				
Gerne übernehme ich die Moderationsrolle.				
Gerne mache ich einen Witz, um das Gespräch aufzulockern.				
Meine Meinung kann ich gut vertreten.				
Ich sage, was ich denke, auch wenn es anderen nicht passt.				
Wenn ich etwas sage, habe ich fundiertes Wissen hierüber.				
Ich höre lieber zu und beobachte.				
Das soziale Miteinander ist mir am wichtigsten.				
Ich mag es, wenn die Stimmung harmonisch ist.				
In jedem Gespräch ist eine Gesprächsleitung nötig.				
Ich habe oft eine andere Meinung als meine Kolleginnen und Kollegen.				
Ich fühle mich in der Leitungsrolle sehr wohl.				
Mir ist es wichtig, dass Getränke und Snacks auf dem Tisch stehen.				
Mir ist egal, was andere von mir denken.				
Hauptsache, den anderen geht es gut.				
Ich muss mir Mühe geben, gehört zu werden.				
Es ist wichtig, kritische Fragen zu stellen und nicht nur alles abzunicken.				

Was glauben Sie, welcher dieser Begriffe trifft am meisten auf Sie zu? Kreuzen Sie an.

In Teamsitzungen bin ich meistens der/die:

- ☐ Ideengeber:in,
- ☐ Kritiker:in,
- ☐ Opposition,
- ☐ Moderator:in,
- ☐ Expert:in,
- ☐ Leitung/Entscheider:in,
- ☐ Unterstützer:in,
- ☐ Spaßvogel,
- ☐ sozial Fürsorgliche,
- ☐ der/die ____________

* Diese Arbeitsbögen sind online unter https://www.vandenhoeck-ruprecht-verlage.com/mit-fantasie-zur-kooperation abrufbar.